同光風雲錄

晚清政治人物復刻典藏本

邵鏡人・原著　蔡登山・主編

同光風雲錄重印記

邵健行

民國三十八年，大陸淪陷，政府播遷來臺，寄居昆明之中央民意代表百餘人，因雲南主席盧漢突然叛變，致陷魔窟，先君鏡人公，乃遭劫運！但也是最先逃出竹幕的幸運者。先君之所以能逃離虎口，免遭共匪屠戳，固賴八年抗戰敵後工作經驗，然其認清敵我，不妥協、不投降、堅貞不貳的決心，更是「死中求生」之內在指引。

先君於民國三十九年，領得英國駐滇領事館商人身份證，變姓名，拋棄母親弟妹等，微服潛行，備歷險阻，終獲脫險，止於緬甸之臘戌州。復得政府之接濟後，經由緬泰等國，輾轉抵香港，慶幸父子劫後重聚，亦慰老懷。因而長久打算，就在鑽石山下，租磚造矮房一大間，購置炊具共度克難生活。

回憶這一段生活，物質上雖然艱苦，但父子對榻而眠，相依為命，閒話家常；早登山，晚聽泉，一步一趨，未嘗一時相離，精神上豈不樂乎！先君日以閱報、吟詩為消遣，我以灑掃、炊爨、洗濯為要務。我雖是二十五、六歲的人，父親還是把我看成大孩子，指導我讀書，要求寫札記，從不放鬆。父親對我直接教誨，也是從這時才開始，因為我五歲起就很少和父親生活在一起了。

先君生平酷愛古董字畫，逃出匪區時，還用包裹包了幾幅八大山人的作品，揹在身上，喬裝字畫商人呢！所以，每當領到稿費，興趣來時，帶我渡海，參觀畫展，逛舊書店，看到上品書畫，必招我面授作者傳略，加其評語，入神欣賞，不忍離去，想買無錢，只有望畫而興嘆了。每臨舊書店，必選購一二冊，教我攜歸。並且說：「寧願無菜吃白飯，不可不買舊書。」當時我真不解其意。來臺後，那些破舊的線裝書，竟被出版界視為至寶，先後印行數種，使前賢詩文精粹，復得永傳後世，如今始知先君當年之用心所在了。

民國四十年先君遷居新界沙田村曾家大屋，村居幽靜，自定功課表，發憤治學，這段時期，寫成《夢山樓詩草》及《同光風雲錄》二書，《同光風雲錄》於民國四十六年在香港印行，（遺詩尚在整理，行將付梓問世。）是書寫清代中興以後顯赫人物，可當作近代史讀，問世後，享譽港九，且因該書之作，而獲崇基、珠海、香江三學院延聘教授國學。從此以後，生活亦轉入佳境。

民國五十年夏，執政黨中央常會通過；邀請留港立法委員回國，重回立法院出席會議，先君欣然應邀，回國定居，同時，應國立政治大學及世界新聞專科學校之延聘為國學教授，抽空仍為報章雜誌撰稿。以七十高齡，每日工作均在十時以上，未嘗言苦，或勸以稍息，每答以：「人各有其興趣，讀書、吟詩、寫稿，為莘莘學子批改作文，是興趣也。」如此，為兒子的我，雖擔心他老人家的健康，但亦不便插嘴進言了。

先君於民國五十二年春節後患過一場大病，發病前並無不適。彷彿是在立法院新會期報到的前夕，午夜突發高熱，是一次可怕的併發症，內臟除肝部外，幾無一處不病，幸得臺大醫學院幾位教授細心會診，綿延病榻兩閱月，方得病癒出院。在療病期間值得記述的；那就是他老人家抵抗病魔信心與接受物理手術治療的忍耐性。例如實施機械透通腎臟排泄障礙的手術，我是親侍在側，看到機器發動，先君痛苦的表情，簡直不敢正視，沒有想到這次手術竟失敗了，事過三天，主治醫師坦白親告病人，謂手術失敗，是否願意接受第二次手術？我在旁邊害怕的發抖，先君卻鎮定如常，沉默一霎那，坐直上體，大聲應諾，「好」！接著又說：「既與死神搏鬥，區區皮膚之痛，何足懼哉！」語畢，醫生、護士，皆擊掌稱讚。當施行第二次手術時，在手術架上背誦唐詩數十首，手術畢乃止，終於老天不負苦心人，手術順利成功。過了一星期後，病情好轉，日漸復元。有一天，兩族叔相偕到院探病，大家都圍坐病榻前，先君興奮的說：「人生就是奮鬥，活一天就要奮鬥一天。目前中國人，要為反共復國共同奮鬥；就個人來說，處逆境要與環境奮鬥；開創事業，要斬荊棘與障礙奮鬥；為教育工作者，要為啟迪下一代而奮鬥；像我這場大病，就是與病魔奮鬥和死神搏鬥。」

我為無父之人，快滿四年了。回憶自香港劫後重逢，至民國六十一年九月二十日午夜，所有耳提面命之詞，與乎書函誨以治學、為人、處世之道，如今記憶猶新，每念後半生無人教我，哀傷莫名。秋後他老人家八十冥誕將屆，所遺詩文，雖經整理，但不能及時付印，藉以紀念，甚感內疚！經商請親長《中外雜誌》創辦人王教授成聖同意，將先君遺着《同光風雲錄》先行刊印，藉資紀念而饗讀者。謹略述先君晚年生活言行，表達我哀思之情。中國民國六十五年七月邵健行泣述於中央新村寓所。

原載民國六十五年九月中外雜誌第二十卷三期

同光風雲錄

克嵩署耑

同光風雲錄題詞

邵鏡人兄輯同光風雲錄成敬題二絕句

丁酉春月鍾應梅

雲構風馺卷驟開，百年興廢亦煙埃。
憐君懷古傷今意，也似騷人有怨哀！

其二

外王內聖孰兼該？寥落人間久可哀。
我異阮生臨廣武，英雄今日已非才！

同光風雲錄序

吾友邵鏡人寫同光風雲錄既竟，將付梓以行世，而屬序於余，余於誼實不敢辭。

是書錄同光兩朝人物，自洪楊之變，戊戌百日之變，下逮辛亥革命，始自曾國藩，而殿以袁世凱，凡七十五人，記述事迹略備，又間及遺聞軼事，以見名賢豪俊義俠節烈志士秀才梟雄獧傑以及文人學究精神志趣之所流露，如聞其聲，如見其人，簡而潔，要而不繁，則駸駸乎奄有史公列傳之奇矣。

然余因之有所感焉：知人論世，才難爲嘆。而人才之鼎盛，常由於一二人之所感應而號召。雲從龍，風從虎，則此一二人者，信乎人間之龍虎也。有淸一代之中興，曾胡爲龍虎，胡不幸早世，而曾獨竟其功。論近世得人之盛，惟曾氏能擧天下之英才而致之幕下，乃得以蕩平洪楊之變。薛福成序曾文正公幕府賓僚，先從公治軍書涉危難遇事擘畫者，弘偉則有李鴻章，明練則有郭崑燾以下等二十三人，其以他事從公，邂逅入幕，或驟致大用，或甫入旋出，散之四方者，雄略則有左宗棠，清才則有孫衣言以下等二十二人；其以宿學客戎幕，從容風議，往來不常，並不責以公事者，古文則有吳敏樹，樸學則有錢泰吉以下等二十六人，其他刑名、錢穀、鹽法、河工及中外通商諸大端，或以專家成名，下逮一藝之能，各效所長，以幹濟，勤樸，敏贍稱者，又不下十三人，都八十三人。其規恢之弘闊，博攬兼容，與唐郭汾陽之精選幕僚，當時將相多出其門，後先媲美，皆得成一代中興之局。余更上而溯之周公，據韓詩外傳之所記載；周公以文王之子，武王之弟，成王之叔父，假天子之尊位七年，其所執贄而師見者十人，所還質而友見者十三人，窮巷白屋之士所先見者四十九人，時進善者百人，官朝者千人，諫臣者五人，輔臣五人，拂臣六人，載干戈以至於封侯而同姓之士百人，都一千二百五十八人；盛德而卑，虛己以受人，無勝人之色，無驕肆之容，曠然如天地之苞萬物也。周公之德，其盛矣乎！後世郭汾陽曾湘鄉，則皆得其具體而微者焉。

吾於易，由否而同人，而大有，而必承之以謙，然後知扶危定傾，撥亂反正，其道具在於是。謙卑以自牧，故尊而光，不謙而盈，則爲天之所虧，地之所惡，鬼神之所害。故易有一道焉，大足以治天下，中足以安國家，近足守身者，其惟謙德乎！能得謙德者，其惟周公乎！而汾陽湘鄉，則亦庶幾乎其能於謙卑自牧者也。奈何今之好上人者，日以鑄人爲事，而獨不知自鑄鑄人之道，窮年浩月，擲其精神氣力於無何有之鄉，自尊而不知尊人，卑人而不知自卑，而欲上追攀於湘鄉，不幾南轅而北轍乎！今時勢艱危，遠過曩昔，若汎蓬梗於大海，茫乎不知其所濟，豈其始料之所及哉？此志士仁人之所爲扼腕而長太息者也。

是書罔羅前聞，考德證古，備見賢人君子盛衰存亡之迹，有在於是者。詩曰：我思古人，俾無訧兮！此鏡人爲書之志也。余故樂爲序而論之。黃巖劉百閔。

同光風雲錄例言

一、庚寅春月，余自昆明微服潛行，間關萬里而抵香港，遂以讀書自勉勵。余夙好史學，尤喜說近代掌故。壬辰冬，遷居沙田，獨處一樓，前塵若夢。因復理舊業，輯清季名人遺聞軼事，歷一載而成十萬言，署曰同光風雲錄云。

二、是書就百年來，擇其對政治、軍事、教育、學術、文辭等，有所樹立者，得七十五人，以簡要之文，分章記載，間加斷語，亦力求平恕。

三、全書以曾國藩居首，次以中興羣彥，又次爲戊戌康梁維新運動，紀述較詳。因此兩時期爲中國劇變之秋。前一期則轉移滿人政權，漸取歐美新法，後一期則開救國運動之風，功雖未竟，而其影響甚鉅。

四、是書分上下兩篇，凡歿於清代及民元者，編入上篇，餘則歸下篇。生卒年月，手邊有資料可查者記入，無則暫闕。

五、書中每章對人之稱呼，有直書其名，有稱別號，有用謚法，而各人事蹟不同，故篇幅繁簡亦不一致。復以參考資料缺乏，作者才識淺陋，舛誤之處，實所難免。

六、茲承自由出版社總編輯劉子鵬先生允予刊行，復荷鍾應梅，劉百閔，毛以亨，陳幹卿諸先生，惠予題序，或假以參考書籍，又承曾克耑先生署簽，友朋高誼，俱深感激，謹此併致謝忱。

中華民國四十六年十月邵鏡人識於九龍沙田。

目次

同光風雲錄重印記／邵健行 …… i
題詞／鍾應梅 …… vi
同光風雲錄序 …… vii
同光風雲錄例言 …… x

上篇

一、曾國藩 …… 1
二、胡林翼 …… 12
三、左宗棠 …… 18
四、駱秉章 …… 22
五、沈葆楨 …… 25
六、彭玉麐 …… 28
七、李鴻章 …… 33

八、鮑超……………………………………………40
九、曾國荃……………………………………………43
十、郭嵩燾……………………………………………46
十一、曾紀澤……………………………………………49
十二、張曜……………………………………………51
十三、蔣益澧……………………………………………54
十四、陳國瑞……………………………………………57
十五、程學啓……………………………………………60
十六、劉銘傳……………………………………………63
十七、岑毓英……………………………………………66
十八、張樹聲……………………………………………69
十九、郭松林……………………………………………72
二十、聶士成……………………………………………75
二一、吳棠……………………………………………78
二二、劉坤一……………………………………………81
二三、劉永福……………………………………………84

二四、馮子材……92
二五、唐景崧……97
二六、端方……102
二七、李慈銘……105
二八、洪鈞 附傅彩雲……109
二九、張佩綸……113
三十、張之洞……118
三一、袁昶 附許景澄……129
三二、翁同龢……132
三三、陳寶箴 附子三立……138
三四、黃遵憲……141
三五、譚嗣同 附康廣仁等……144
三六、唐才常……150
三七、秋瑾……155
三八、丘逢甲……162

下篇

一、容閎……169
二、楊守敬……175
三、于式枚……179
四、梁鼎芬……184
五、詹天佑……189
六、王闓運……192
七、康有為……198
八、梁啓超……203
九、章炳麟……213
十、林紓……222
十一、嚴復……228
十二、陳衍……233
十三、辜湯生……239
十四、鄭孝胥……243

十五、樊增祥……246
十六、易順鼎……252
十七、陳漢章……258
十八、蘇玄瑛……262
十九、劉師培……269
二十、黃侃……273
二一、趙熙……276
二二、朱祖謀 附馮煦況周頤……282
二三、王國維……289
二四、吳梅……295
二五、楊圻……299
二六、張謇……306
二七、袁世凱……318

上篇

一　曾國藩

一

曾國藩，字伯涵，號滌生，湖南湘鄉人。生於嘉慶十六年十月十一日亥時。世傳其大父夢蛟龍入室，醒而得孫，驚喜曰：『曾氏門楣，行將大矣！』幼讀書刻苦自勵，八歲畢五經，道光十八年成進士，改庶吉士，大考二等。累遷侍講侍讀，會試同考官，內閣學士，禮部，吏部，兵部侍郎。每在一部，則必究心典章制度，以爲改革吏治張本，儼然以澄清天下自負矣。

文宗改元，上疏論國是，剴切明辨，切中事情。適丁母憂回籍，會太平軍興，朝廷下詔國藩，在籍練鄉勇，奉旨徬徨。而同邑理學家羅澤南已編練鄉勇一千餘人，助之成軍，遂取戚繼光束伍之法，參以澤南及胡林翼，王鑫之成規。編練就緒，先剿土匪，以靖內患，厲行亂世重典，殺誅甚衆，故有「曾剃頭」之綽號。繼得胡林翼、左宗棠、鮑超、李鴻章，及弟國荃爲助。新寧舉人江忠源建議編水師，彭玉麐承其專責，故湘軍之成功，得力於水師者，亦甚多也。

二

十年苦戰，出死入生，收復武漢及沿江各地。同治三年，克復南京，太平軍遂敗亡矣。清廷封國藩爲毅勇侯，授武英殿大學士，直隸總督，旋調兩江總督，薨於位，贈太傅，謚文正。論者謂以書生而兼將帥，建旋乾轉坤之功，爲中興名臣第一，與管夷吾，諸葛亮，范仲淹，王守仁先後媲美矣。

太平天國，起自金田，洪秀全假冒上帝敎派，以驅逐滿清而爭帝位，推翻中國傳統文化，另樹非中非西之政風。國藩則代表中國之正統學派，張孔孟之旗幟，以維護中國人倫社會，專從傳統文化，以攻秀全。其檄文中有曰：『自唐虞三代以來，歷世聖人扶持名教，敦敘人倫，君臣父子，上下尊卑，秩然如冠履之不可倒置。學匪竊外夷之緒，崇天主之教，……舉中國數千年禮義人倫詩書典則，一旦掃地蕩盡，此豈獨我大清之變，乃開闢以來名教之奇變，我孔子孟子痛哭於九泉，凡讀書識字者，又烏可袖手安坐不思一爲之所也。』檄文傳出，士農工商，莫不響應。蓋彼已握住時代之需要，與人心之趨嚮也。不寧惟是，彼更以最大之魄力，謙虛之胸懷，公忠勤愼之精神，以納全國之志士仁人，不僅欲强滿淸，而更欲强中國，不僅維護舊文化，而更欲採用西洋之方法，以創造新事業。並納容閎之建議，購買洋船洋礮，購買機器，籌設江南製造局，開辦兵工學校，翻譯西籍，選派青年赴美留學，無非欲取法西人之所長，藉以富國强兵，此其對中國最大之貢獻者在此。而後之論事者，不論時代之不同，而專詆其尊君主，反革命，則非篤論也。

三

國藩無勇冠三軍身先士卒之才氣，而却能選拔賢將，規畫精嚴，結硬寨，打呆仗。其駐節祁門時，國荃，宗棠以祁門為死地，勸其移師，不納，卒被包圍，軍心大亂。國藩乃一面帳懸佩刀，從容布署，一面手書諸弟曰：『看此光景，今年殆萬難支持，然吾自咸豐三年冬以來，久已以身許國，願死疆場，不願死牖下，本其素志，近年在軍中辦事，盡心竭力，毫無愧怍，死即瞑目，毫無悔憾。』又召幕僚將領而詔之曰：『我初次進兵，遇險即退，後事何堪設想？我離此一步，無死所也。』旋又傳令曰：『賊勢如此，有欲暫歸者，支給三月薪水，事平仍來營，吾不介意。』衆將士聞之，皆感泣，人人奮勇爭先，卒將太平軍擊退，此殆置之死地而後生耶？

金陵克復後，國藩凜於兎死狗烹之戒，疏辭以兩江總督節制四省之師，有云：『權位太重，恐開斯世爭權競勢之風，兼防他日外重內輕之勢。』同時提出裁撤湘軍，卑捻之責，付諸淮軍。此為國藩針對清廷懷疑之點，而先之以不爭權位，不擁武力之表示。謙卑自牧，明哲保身，惜乎韓信，年羹年之流，明不及此也。

四

國藩嘗言：『君子之立志也，有民胞物與之量，有內聖外王之業，而後不忝所生，不愧爲天地之完人。故其爲憂也，以不如舜，不如周公爲憂也。以德不修，學不講爲憂也。是故頑民梗化則憂之，匹夫匹婦不被己澤則憂之，所謂悲天命而憫人窮，此君子之所憂也。若夫一己之屈伸，一家之飢飽，世俗之榮辱得失貴賤毀譽，君子固不暇憂及此也。』故彼一生堅定明決，兢兢業業於立身修學，從無一毫之自寬假。又曰：『天下無現成之人才，亦無生知之卓識，大抵皆由勉强磨鍊而出耳。』

中興人才，冠絕一時，而大半皆出自其幕府，蓋由於知人善任，陶鑄而成也。嘗曰：『無兵不足深憂，無餉不足痛哭，獨舉目斯世，求一攘利不先，赴義恐後，忠憤耿耿者，不可亟得，此其可爲浩嘆也。』又曰：『二十年來，士大夫習於優容苟安，揄修而養姛步，倡爲一種不白不黑不痛不癢之風，見有慷慨感激以鳴不平者，則相與議其後，以爲是不更事，輕薄而好自見。』故國藩一生不走中間路綫，不說似是而非之言，篤行實踐，時時以天下爲己任也。

五

國藩於軍國大事，固不放鬆一毫，即個人修養與治家之細節，亦復十分注意，對於自修，則有「八本主義」，養生則訂立「五事」，治家則訂立「早、掃、考、寶、書、蔬、魚、豬、」必做之八事，辦事則有「五到」，「五勤」之規條，莫不身體力行，而無一日稍忽焉。

國藩學宗程朱，所爲古文，深宏駿邁，以戴段之學力，發爲馬班之文詞，嘗欲合道與文而爲一，不拘漢宋門戶之見，謂義理，考據，詞章，三者闕一不可。並分文章有陽剛陰柔之美，復分太陽，少陽，陰陽，少陰四象之說。陽剛之美，則有「雄、直、怪、麗」，陰柔之美，則有「茹、遠、潔、適，」而歸之行氣，所謂氣盛，則言之長也。次爲段落分明，每段分束之際，似斷非斷，似咽非吞，似吞非吞，似吐非吐。每段張起之際，似承非承，似提非提，似突非突，似紓非紓，古人無限妙用，全在此中矣。

彼爲一典型之文人，故對寫字一道，亦不稍忽，所爲三十年日記，幾無一字潦草者。並有寫字七絕云：『側勢遠從天上落，橫波雜向弩端涵。刷如丹漆輕輕抹，換似龍蛇節節銜。』嘗謂寫字有三大功用，第一是治學之工具，第二是治事之工具，第三無窮受用。所謂無窮受用者，可以修身，可以養性，可以悟道，可以發揮人之潛在能力。惟國藩之論字，主柳骨趙肉，而其筆法，略近山谷，但始終未臻上乘耳。中國文人往往以字形而判斷人之賢愚忠奸窮通壽夭，以余從朋友作字中領悟所得者，不論其字工力淺深，技術高下，凡落筆端莊沉厚，運墨靈活，圓潤秀挺，而氣機開展流暢者，幾無不通且壽也。此中奧妙神而明之耳。

六

國藩於詩及聯對，亦屬能手，其歲暮雜感有云：『芒鞵鎮日踏春還，殘臘將更却等閒。三百六旬同逝水，四千餘里說家山。緇塵已自沾京雒，羌笛何須怨玉關！為報南來新雁到，故鄉消息在雲間。去年此際賦長征，豪氣欲屠大海鯨。湖上三更邀月飲，天邊萬籟挾舟行。竟將雲夢吞如芥，未信天山劃不平。偏是東皇來去易，又吹草綠滿蓬瀛。』贈國荃四十一初度有句云：『九載艱難下百城，漫天箕口復縱橫。今朝一酌黃花酒，始與阿連慶更生。幾年槖筆逐辛酸，科第尼人寸寸難。一劍須臾龍變化，誰能終古老泥蟠！』豪情盛概，躍然紙間。

世傳國藩一日與友人宴於黃鶴樓，有妓名如意者向之索書，即席賦贈云：『都道我不如歸去，試問卿于意云何？』寥寥數字，於幽默中則寓無限感慨也。又傳收復金陵後，景象蕭條，為繁榮市場計，乃下令開放秦淮畫舫。江寧知府涂宗瀛理學家也，頗不謂然，面陳出示禁止，國藩笑曰：『待我領略一番，然後再講。』一日微服泛舟秦淮，青樓中妓名春燕者，溫雅通詞翰，國藩奇之，後為有力者所嬖，不復得見，其友某託書聯語，貽之云：『未免有情，憶酒綠燈紅，一別竟驚春去也，誰能遣此，悵樑空泥落，幾時重盼燕歸來！』吐屬艷麗而有情致，幾疑非出自國藩之手也。

七

國藩喜讀南華經，能從其中悟解幽默以調劑生趣。每於要政淸閒之餘，燭影搖紅，茶香泛綠，輒集僚屬於一堂，淸言娓娓，以輕鬆日間之疲勞。據李鴻章「水窗春囈」記載：『我大帥要我輩一同吃飯，飯罷後，即圍坐談論，他老人家又最愛講笑話，惹得大家笑疼了，個個東倒西歪，他自己偏一些不笑，以五個指頭作把，只管捋鬚，穆然端坐，若無事然。』

某夕圍坐時，又講笑話曰：『某家家規，無論老少婦女，必須紡織至二更後始寢，新婦初來時，亦不能例外。一晚，新郎輾轉床上，不能入寐，大聲呼母曰，紡織車聲嘈雜，令人不能安眠，請速將爾媳車子打碎好了！其父在隔壁室中聞之，亦大聲呼曰：如果要打碎，連你自己車子也打碎好了！我也睡不着呢！』此笑話一出衆皆笑倒，幾乎連飯噴出來矣。

凡入世較深者，皆有觀人之法，國藩於此，亦頗留意，故初見江忠源，欵語移時，目送之曰：『此人當以節烈死。』對李鴻章則曰：『少荃天資有大過人處，將來建樹，或竟青出於藍。』當淮軍初立時，鴻章主其事，嘗率三人來謁國藩，聽候考詢，適國藩飯後散步，令三人鵠候於室，及散步歸，略加凝視，退謂鴻章曰：『不必談話矣。』詢其故？答曰：『一人俯首不敢仰視，此謹愼之人，可任保管之責，一人値余面則正視，背余面則左右探視，則陽奉陰違之人，不可任以事，一人因久候怒目注視，挺立不懈，此人功名事業可期。所謂怒目注視者，即後來淮軍名將劉銘傳也。

八

新會梁任公評國藩曰：『曾國藩者，近日排滿家所最唾罵者也，而吾則愈更事而愈崇拜其為人。彼其事業之成，有所以自養者在也，彼其能率厲羣賢以共同事業之成，有所以字於人且善導人者在也。……有史以來，不一二覯之大人也已，豈惟中國，抑全世界不一二覯之大人也已。其所遭值事會，亦終身在拂逆之中，然乃立德立功立言，三並不朽，所成就震古鑠今而莫與京者，其一生在立志自拔於流俗，而困而知而勉而行，歷百千艱阻而不挫屈，不求近效，銖積寸累，受之以虛，將之以勤，植之以剛，貞之以恆，帥之以誠，勇猛精進，卓絕艱苦，如斯而已。』任公不輕許人，其對國藩，推崇備至矣。

二 胡林翼

一

胡林翼，字貺生，亦字潤芝，湖南益陽人。嘉慶十七年六月初六日酉時生。道光十六年成進士，改庶吉士，授編修，明年大考二等。詎料天不假年，五十病終。謚文忠。曾文正奏摺中嘗稱：『胡林翼之才，勝臣十倍，近年遇事諮詢，尤服其進德之猛。』又致周壽山函云：『胡宮保憂國之誠，進德之猛，好賢之篤，馭將之厚，察吏之嚴，理財之精，何美不備，何日不新，天下寧復有斯人哉！』王闓運湘軍志亦云：『中興之業，實基自胡。』其推崇無微不至，信非虛言也。

二

文忠巡撫湖北，與總督官文初有隙，終釋，蓋官有愛妾，值生辰，思有以寵之，乃僞示百僚，以某日爲夫人壽，迨賀客盈門始以實告。某藩台已遞手本矣，悉眞情乃大怒曰：『某爲朝廷大僚，安能屈膝於賤妾？』亟向門者索回手本。適文忠在旁自語曰：『好藩台！』語畢，仍昂然而入壽焉。時道府以下見巡撫已入壽，亦均相隨而入。故官妾聞之極感。文忠歸署以夫人意請官妾遊宴，而先稟淮太夫人認官妾爲義女，官妾兄事文忠。是以官胡兩人能始終共濟以支撐東南半壁殘局者，繫於一妾耳。曾文正日記有云：『吾過湖北晤官某，自審萬不能與此人共事，然後知潤芝所處之難。』寥寥數語，已流露賢者爲國事委曲求全之苦衷矣。

三

當其駐軍黃州時，慮及兵餉無着，乃草書數行韻語，刊印加關防，馳遞各有關財務局卡，文曰：『開口便要錢，未免討人嫌。官軍急收城，處處只說戰，性命換口糧，豈能一日驅！眼前又中秋，給賞更難欠。惟冀各路釐局大財神，各辦釐金三萬串。』此文傳遞後，未出旬日，載餉船絡繹而至。可見爲政之道，固不全特威嚇令嚴，而能出之以輕鬆幽默，亦可收絕大成效，惟在運用之妙耳。

文忠督師圍攻安慶時，嘗策馬登龍山，瞻眄形勢，喜曰：『此處俯瞰城垣，敵雖頑强，宛在釜底，不足畏也。既復馳至江濱，忽見兩洋輪，疾駛西上，迅若奔馬。乃變色不語，勒馬回營中途嘔血，喟然嘆曰：『亡中國者不在內憂，將在外患也。』

四

文忠方八歲，安化陶文毅公，初以給事中觀察川東，取道益陽入蜀，見之驚爲偉器，曰：『吾已得一快壻！』遂以第七女字之。十九結婚，二十二中舉，二十六成進士，青雲干霄，名噪於時。惟初隨文毅赴金陵，頗好冶遊，耽於女色，時人呼爲「附驢」。有以此密告陶公者。公曰：『此子他日必擔天下大事，豈有閒暇逸樂，此時讓他玩玩無妨也！』及入翰苑，痛改前非，立志向學，與左宗棠最相契，輒抵掌談古今事，論列得失，若預知海內將大亂者，相引以爲深憂。

迨洪楊軍興，始受朝廷特達之知，負封疆繁劇之重，乃更以名節勵世。然口體之奉，不似曾左之嗇苦，雖在軍中，亦輒讌敘。平時治事，極爲勤慎。凡遇四方使至，不論階級高低莫不引坐與談，若見稍有才志者，則必詳詢深論，隨筆記之，以備參考，故所薦舉之人才，非夙昔之相知，由於周諮博采者，亦不在少也。嘗曰：『才者無求於天下，天下當自求之。』

五

文忠平時最重視人才，彼以爲國家之需人才，猶魚之需水，草木之需土，得之則生，失之則死。故於同時人才，如左宗棠、彭玉麟、鮑超、李續賓兄弟等，維護尤力。但湘軍將領如雲，意見易於紛歧，爭執亦所不免，文忠奔走調協，卒能和諧共濟，完成一代之功業，故曾文正稱其『薦賢滿天下』非過譽也。

湘軍大將鮑超，勇冠三軍，文忠以鄂撫之尊，與之結爲兄弟。太湖潛山一役，鮑軍被陳玉成包圍，糧道斷絕，乃密令相機退却，有過由林翼負責。超愈感奮，誓死不退，卒獲大勝。超與多隆阿齊名，互不相下，漸至齟齬，文忠聞之特為二人設宴，席間舉杯泣曰：國家正賴二將軍以辦賊，今賊勢方熾，而反自相私鬥，吾輩將無死所矣，語畢，竟大哭失聲，多、鮑亦相抱大哭，遂言歸於好矣。

六

英法聯軍之役，朝廷令調鮑軍入京拱衞，曾國藩力陳不可，蓋鮑軍雖善戰，而紀律不佳，恐在京津肇禍。國藩之用心亦良苦矣，然超不察，對此深表怏怏。文忠特致書超曰：『自來義士忠臣，於曾經受恩之人，便終身奉事惟謹。韓信為王，而不忘漂母一飯之恩，張蒼作相，而退朝即奉事王陵及王陵之妻如父母，終身不改，可師可法。……滌帥待弟之恩，是天地父母之恩也，豈忍萌妄念哉！』超乃釋然。後聞文忠病劇，微服間道數百里而抵武昌，文忠以其未經准假，擅離職守怒斥之，超泣曰：『冒萬死而來，能見公一面，死無憾也！』文忠撫慰之，超乃揮淚別去！

咸豐八年，以丁憂返籍，治喪，迨三河之役，李續賓，曾國華戰死，官兵亡者近萬人。文忠聞耗，嘔血不止。及病稍愈，即返任揮軍增援，有以病勸阻者，不納。而湘軍將士，聞其扶病來援，莫不感奮，故潰敗之餘，軍威復振，卒推强敵轉危爲安，精誠感召之功也。十一年咸豐帝崩，聞而大痛，病益加劇。遂以是年八月二十六日歿於湖北巡撫位。長才未盡展布，而齎志以終矣。

三 左宗棠

一

左宗棠，字季高，湖南湘陰人，道光十二年舉人，三試禮部不第，遂絕意仕進。究心輿地，兵法，善爲壯語驚衆，名在公卿間，嘗以諸葛亮自比，人目其狂也。諡文襄。初居駱文忠公幕，專斷擅行。文忠好享受，日與姬妾，飲酒作樂，宗棠嘲之曰：『公猶傀儡，無物以牽之，何能動耶？』文忠深諒其忠，故報之乾笑而已。一日夜半，創一奏草，即叩文忠內室，大呼不已，文忠起而讀之，擊節叫絕，乃命酒對飲而去。故世無文襄之才華，不足以感文忠，無文忠之雅量，亦不足以容文襄，相得益彰，堪稱二難矣。宗棠在曾文正幕，得奏賞郎中，文正給以手扎，有「右仰」字樣，宗棠冷笑曰：『他寫「右仰」，難道要我「左俯」不成？』後以報捷金陵，互爭小天王事曲直，竟至終身水火。迨，宗棠遠征新疆，嘗與客言：我與曾某不協，今彼總督兩江，恐將扼我餉源。然而，文正爲西征籌餉，不遺餘力。故文襄立大功于西北者，文正公而忘私之精神有以成之也。

二

宗棠督陝甘時，藩台林壽圖能詩善飲，性詼諧，常相倒樽暢談，某日正飲間，忽接捷報，林盛稱文襄妙算如神，文襄拍案自誇曰，此諸葛之所以爲亮也。因彼雅好自負，與友人書，輒署今亮。林亦拍案曰，此葛亮之所爲諸也。諸與猪諧音，文襄因此恨林，可見好戴高帽子，賢者不免耳。一日盛暑，宗棠觧衣臥便榻上，自摩其腹，適值一材官侍於側，顧謂之曰：『汝知此中所藏何物？』對曰：「皆燕窩魚翅」，宗棠笑叱之。材官又曰，「鴨子火腿」。文襄大笑而起曰：『汝不知此中皆絕大經綸』材官咋舌。後常語人曰：『何等金輪，能吞入腹中，況又絕大耶？』聞者皆掩口而笑！

三

宗棠僅舉孝廉，因平亂功高，賜同進士，授翰林，終拜命東閣大學士，係出破格。翰林中人，頗不謂然。迨其赴翰林院舉行到署典禮時，諸翰林迎之，皆有怏怏輕視之色，既而宗棠升坐，四顧慨然曰：『適從何處遽集到此』。輕鬆兩語，衆皆釋然！典禮畢，衆乞書一扁額誌盛。宗棠書畢，徐謂衆曰：『諸公俱精六法，顧乃囑左某書此，正似幼小學生，得先生加圈奬譽也。』衆翰林大笑而罷。一場大典，經此從容謙抑應付，竟化緊張爲愉快矣。

宗棠久寄封疆，不諳陳對，初陛見時，西太后慰勞之曰：『汝在外久，今在京須早起，想多不便！』彼即操鄉音對曰，『臣在軍中，五更時，便須弄起來了。』同班諸大臣，皆掩口匿笑！未幾，兩江總督出缺，遂簡放外任。

四

晚年體質肥壯，未嘗以憔悴見于容色，但頗事采補，後房蓄姬妾，多至三十餘人，每幸一次，頦白之髮，轉黑數莖，晚年，鬚髮反如壯歲，此事理之不可解者。然酷好女色，原爲英雄之常事，惟欲吃孔廟兩廡冷豬頭，則終不可得也。

宗棠垂老病痰，自知不起，易簀前，撰自輓長聯。倔強自負，英姿磊落，亦可于文詞間見之。

聯云：

『慨此日騎鯨西去，七尺軀委殘芳草，滿腔血灑向空林，問誰來歌蒿歌薤，鼓琵琶塚畔，掛寶劍枝頭，憑弔松楸魂魄，奮激千秋，縱教黃土埋予，應呼雄鬼；倘他年化鶴東歸，一瓣香祝成本性，十個月現成全身，願從此爲樵爲漁，訪鹿友山中，訂鷗盟水上，銷磨錦繡心腸，逍遙半世，惟恐蒼天厄我，再作勞人！』

四 駱秉章

一

駱文忠公，原名俊，以字行，廣東花縣人，道光十二年進士，選庶吉士，授編修。咸豐初，巡撫湖南，適値太平軍興，曾國藩以在籍侍郎，募練團勇，秉章佐其練兵籌餉，禦敵安民，深爲國藩倚重，旋擢四川總督，平太平軍石達開，其功更著，其名更顯。

二

先是，秉章撫湘，太平軍勢頗鴟張，湘人若曾、胡、左、江、羅，等先後著戰功。秉章與諸人共事，不掣其肘，不掩其長，以休休有容之度，周旋于羣賢薈萃之區，卒建偉功。迨，總督四川，左宗棠實佐幕之，秉章折節與游，信任惟專，籌餉練兵，選將舉賢，故能屢却强敵，兩敗石達開數十萬衆，固賴宗棠帷幄之功，亦秉章大度能容也。

秉章于公暇，輒適幕府，宗棠方與二三幕賓，慷慨論天下事，談辯風生，秉章不置可否，靜聽而已，其豁達宏量，往往如此。故宗棠以智略輻湊，得以盡展其所長者，亦非偶然。

一日，秉章聞轅門舉礮，驚問何事？左右對日：『左師爺發軍報摺』。秉章懵然不知，亦頷之而已。既而，徐曰：『盖取摺稿來，我也看看！』其信任之專，有如此者，故時人戲稱宗棠爲左都御史，因秉章亦不過右副都御史銜耳。

三

四川夙稱天府之國，然羣盜如毛，揭竿烏合之徒，所在屯聚，全省被蹂躪者四十餘縣。秉章皷行四方，驅殄羣孽，日勞于戎馬間，摧陷廓淸之功甚捷，未逾一年，而全蜀肅淸，蜀人莫不仰其盛名，感之如父母，望之如神明。秉章乃整財賦，籌餉糧，南援滇黔，北濟秦隴。當是時也，曾國藩總督兩江，二公東西相望，朝廷倚之為重，凡有大計，必以諮之，而秉章疏陳計劃，亦多能統籌全局，故蜀中童謠有云，『若要川民樂，除非馬生角』。蓋俗稱駱字為馬各駱，而南方人又各角同音也。

迨，秉章薨于位，成都為之罷市，市民皆野哭巷祭，每家各懸白布于門前，還書輓聯以誌哀思，尊崇之至，幾與諸葛武侯相等。秉章專祠，蜀民亦呼為丞相祠堂，雖三尺童子入其祠，亦無不以頭搶地者。或謂秉章外樸內明，于賢不肖，口雖不言，而辨之甚精，其接人也，神氣渾穆，人視之若粥粥無能，而所至功成，所居民愛，在湘在蜀，自有羣賢擁護而効其長，豈真所謂大智若愚者耶？

五 沈葆楨

一

兩江總督沈文肅公，字幼丹，福建侯官人，道光二十七年進士，選庶吉士，授編修，遷御史。數上疏論兵事，爲文宗所知。初，以御史典郡守廣陵，太平天國軍圍攻甚急，僚屬星散。夫人林文忠則徐之女也，爲竭內署金幣犒軍，又親炊爨餉士卒，士卒感其德，終保廣陵。以此顯名朝野，後爲欽差大臣，其戚屬某，方任藩署胥吏，仗勢，以刻蠹起家，文肅立逮之，數其罪，將斬。各方營救俱不聽。方坐堂鞫訊，而封翁手諭適至，葆楨置諭案頭，斬某而後啓封，果爲某緩頰也。

二

葆楨善治盜，輒手諭所屬曰：『老盜無供，就地正法。』自此大江南北，盜風頓息。然草菅人命，始作俑矣。自彼居顯位以至病故止，綜計所殺戮者，平均每月約有五十人，可謂衆矣。惟平生不苟取予，歷任九省督撫，身後宦囊，僅餘兩萬金，此大臣所難能者也。

葆楨甄別僚屬，亦別具作法，輒于聽事中列案數十宗，令屬官南向坐，己則北向坐，各擬稿呈閱，見佳構，則隨時批評，温語慰勉，不佳者指摘之，極劣者，嘲笑而棄擲之，不稍寬假，儼然若塾師之課生徒。然事無鉅細，必究根尋源，徹底明瞭而後已，非似一般大吏，坐高堂，打官話，巍巍乎裝腔作勢也。

三

葆楨在江西巡撫任內，爲贛省籌餉事，與曾文正齟齬，彼此上疏攻訐不休，迨克復南京，文正奏報幼天王洪福瑱死亂軍中，而葆楨則以死逃兵中，指文正虛奏。當時曾氏兄弟，功業顯赫，門生故吏遍滿四海，以葆楨曾文正保荐，深致不滿，然亦有左袒葆楨者，鄭孝胥對葆楨，素所推崇，嗣聞殺誅過重，故有詩貶之曰：『沈

公治兵用健武，殺人數千方爲奇。魯論不熟乃至此，哀矜勿喜豈忘之！」然葆楨雖
嗜殺，終不掩其公忠也。

六 彭玉麐

一

彭剛直公，字雪琴，湖南衡陽人，少無行，嗜賭博如命，每博輒負，其鄰女有梅姑者，美姿容，剛直私之，率竊其釵餌質于店肆，作孤注博。

一日，私取梅姑三十金，又賭負，歸而以實告。梅姑曰：『此區區者何足道哉？但得白首，于願足矣。』剛直欲納之爲妾，而家人不允。既而，剛直病危，自撫其膺曰：『死于床褥間，豈大丈夫哉！何若覓一死所。』時太平軍興，乃杖策從軍，轉戰東南，身蔽鋒鏑，欲求死所，然往往建奇功，位高勢盛，聲動朝野。時梅姑猶健在，然而，寡矣。剛直常過其家，出金周濟，但不及私耳。

或曰，剛直幼時，賃居姚姓，愛其女，私焉。後姚女適方氏，衡陽人呼爲方美人。美人愛梅花，故剛直畢生喜畫梅，自題其廬曰：『梅雪山房。』詩集中亦有：『

一樹老梅添怪色。』又鐫小印，文曰：『漢書爲下酒物，梅花是知心人。』夫不得其情，則寓之于物，是人生之最傷心事，雖然，『人從難得始爲佳。』不得者上焉，得則斯爲下矣。

剛直位高望重，辟易千人，但其寡媳，時加面詈之，剛直畏而輒避去。生平又畏幼時一師母，凡有難解事，得師母言，立解。彼最痛惡鴉片烟，遇有犯者，立斬之，其親信婢，頗嗜此物，故將鴉片烟拌置于其所吸旱烟中，久而成癮，非此婢所拌烟不稱意，歷久發覺，欲斬婢，婢乞救于師母，母徐謂剛直曰：『此汝輕殺之報應，不如寬之，以免受此曹欺！』剛直韙其言，然自恨恨不已。

某年，與太平軍戰于皖城，敗績，乃偕李九我、左季高、胡潤芝等，駕小舟逃走，敵軍追之急，而岸上一片荒凉，難覓藏身所，剛直仰天嘆曰：『生我者父母，死我者長江也！浩浩蕩蕩無涯水，淸潔還我淸潔身。』言已，欲躍入水，九我止之曰：『將帥得一線必生，寧不以蒼生爲念乎？』俄而，遠見岸上有茅屋，遂舍舟奔屋中，見一老人鼾臥，撼醒之，乞救命，老人一一詢姓名，故笑戲之曰：『吾固知袞袞諸公，滾到此間也。』剛直等各相覷。欲起急奔，老人笑止之，乃藏之于屋後糞草堆中，仍回屋中鼾臥如故。未幾，敵果至，詢問曾見彭玉麐否？老人故戰慄答曰：『方見一小舟急東下矣！』敵軍不疑，鼓棹東追，剛直奔出草堆，叩問老人姓氏，謝姓，望江人，世以扒糞爲業。剛直深德之，即伏地叩頭稱義父。

三

未幾剛直奉旨，戴罪立功，一鼓收失地而敗强敵。當其初撫皖時，追念前恩，使使請謝佬，命坐，問願爲官否？老人曰：『無知野人，安敢竊佔官位，以貽誤國事耶？但得草糞業，永爲望江人操辦足矣。』區區鄉民，守分安命，以視今日，因緣時會，妄竊高位，病國殃民者，不可同日而語。

湘軍以餉糈不濟，抽釐助餉，故各關卡暴斂橫征，所在皆是，商民深苦之。一日，剛直布衣草履，乘小舟，過某卡，卡役向其索規費，剛直曰：『空舟無貨，安得有費。』役曰：『貨有稅，船亦有稅，爾旣有船，不論貨不貨也。』剛直仍以無錢懇免，役大怒，扣其船，欲撻之。未幾衞士兵，立令斬役，各處聞風，積弊爲少革。

四

剛直以欽差大臣，巡至皖，合肥李相國，方勢盛，猶子某，仗勢，時奪民間財物妻女，官不敢問。有詣剛直密訴者，乃以刺請某至，謂之曰：『有人控爾奪其妻，有之乎？』某自恃勢無恐，直應曰，然！剛直大怒，命笞之，而府縣官皆至求情，撫藩亦持手本請見，剛直一面延見，一面陰令衞士速斬首，巡撫尚在客堂，而衞士已持某頭繳令矣。剛直乃移書李相國曰：『令侄實壞公家聲，想亦公所恨也，吾已爲公處置訖矣。』相國惟覆書謝之耳。

五

剛直有印章曰：『英雄肝胆，兒女心腸』。凡畫梅，必鈐之，蓋有託也。剛直寓西湖時，偶締岳姓小女，名二官，有：『但願來生再相見，二官未嫁我年輕』之句。未幾，剛直薨，二官亦尋卒。有好事者代二官答詩云：『侍郎白雪催詩鬢，小女梨渦暈渥丹，私祝來生重相見，枝頭梅子莫青酸。』可謂恰到風趣。

剛直詩才甚健，不事點竄，而自然高妙，惜無詩集行世，而片羽吉光，流傳于世者，亦復不少，如收復小姑山詩云：『書生揮指戰船來，江上旌旗曙色開，十萬健兒齊奏凱，彭郎奪得小姑回。』何等風流蘊藉，相傳剛直撰莫愁湖楹聯，上聯既就云：『王者五百年，湖山亦有英雄氣』；一時思索不得下聯，適薛時雨過訪，代續云：『春光二三月，烟花合是美人魂。』豪情風韻，相得益彰也。

七　李鴻章

一

李文忠公，字少荃，安徽合肥人，道光二十七年進士，改庶吉士，授編修。從曾文正遊，講求經世之學。以咸豐四年練團勇，得文正保薦，因以騰達。其率淮軍赴援上海時，嘗親臨虹橋督戰，偏將張遇春大敗回，文忠飭左右取其首，遇春懼而復馳敵陣，奮勇直前，大敗之。是役，太平軍十萬衆，淮軍僅數千人。可見哀兵必勝，死地後生，兵家之常耳。

鴻章對于下屬，若喜之必罵曰：『×娘的，好好幹！』凡受罵者，莫不喜形於色，以為將走紅也。一日，某候補知縣來謁，文忠觀其貌，聽其言而悅之，亦罵曰：『×娘的，好好幹！』某立而對曰：『卑職不敢×大人的娘！』文忠色沮，無詞以對，然亦不恨某。

二

鴻章負中國數十年大任，兼當外交要衝，其政策與手段，固有可議者，然非有心媚外，且對外人詞色矜傲，有自大狂，數十年如一日。其總督直隸時，督署故例，凡外國使節來見，必以酒果招待，雖一日數至，而酒果不缺如故。場面雖甚濶綽，而態度不見謙恭。某日法使來見，方談天下事，文忠忽然問曰：『你今年，年幾何矣？』外人習慣，最忌人問年齡，然懾其威望，亦不敢不答。文忠掀髯而笑曰：『然則，是與吾孫同年耳。吾嘗到巴黎，與汝祖父暢談甚歡，汝猶能記及否？』法使局促而別。從此輕慢中國之態度，稍稍改變矣。

某年歲暮，俄使專書請定期見，鴻章即批明日延見。時張侍郎樵野在座，進曰，『明日除夕，公尚有暇接見使節耶？』鴻章慨然曰：『君等眷屬皆在此，守歲迎年，團圞甚樂，老夫蕭然一身，枯坐無俚，不如招幾個洋人，與之嬉笑，亦消遣之一法，明日君等，皆不必來，老夫一人當之可耳。』其視外人，往往如此。猶記民初北京國會議員湖北田桐有言：『今日所謂外交家者，皆洋奴也，脅肩諂笑，以媚外人。惟李文忠公義仗敢言，不卑不屈，眞外交家也。』撫今追昔，不禁令人感慨係之。

三

甲午之役，先是清廷和戰不決，文忠主和，李鴻藻、翁同龢主戰，形成雙方對抗之局勢，清廷乃以「一面備戰，一面和商」之糊塗政策應付。

時袁世凱爲駐朝鮮商務總理，迭電告急，文忠以鎭靜忍耐應付答復之，世凱不得已，諉稱面陳大計，遂得回國，文忠仍飭其回任，世凱支吾以應，密謀走李翁之路線，文忠偵知其情，召世凱，一怒之下，摑其嘴巴，世凱憤而入京，利用機會，一躍而參加維新派，又出賣維新派，以取悅于西后；再一躍而小站練兵，獨樹一幟。爲北洋軍閥「始作俑者」。殆一耳光所貽之禍耶？文忠地府有靈，應悔馭下無方，以致叛己，而種國家無窮之患也。

文忠巡閱海軍至烟台，德國駐東亞海軍提督乘巨艦來謁，文忠接待如儀，德將善詞令，極稱文忠名播五洲，夙所欽仰，擬明日于艦中備酌，請辱臨以示光寵，文忠允之。繼謂幕友杜靜軒觀察曰：『君知德將邀飲之意乎？』吾察其人，外謙恭而內陰險，彼知我之衞士，皆習陸軍，不諳風濤，若登海艦必暈而仆，彼用詭術，使各國觀操演者引爲笑柄，如此，不惟隳吾威名，且損失吾國之光榮，不可不預防之。』于是，召衞士營官，授以密計。

四

次日，文忠率衞士登德艦，與德將對案坐，衞士分列于旁，並肩相擠，垂手至髀，又復相互握手，屹立若城牆，各國海軍武官皆至，酒數巡，忽聞砲聲轟然，如山嶽崩裂，艦身簸蕩，海水沸騰，席上盃盤俱翻動，而文忠之衞士，則分列如故，無一驚仆者，文忠以手撚髭，目視德將微笑，德將赧然，强作飾詞曰：『辱公光臨，特鳴砲致敬耳。』文忠笑曰：『謹謝雅意，素聞貴國克虜伯廠大砲，有名于世，今殆如是已，能使某再聞其巨聲乎。』德將慚沮。文忠宴罷歸來，輒爲幕友備述其事。先是，德將初來時，頗輕視文忠，聞人譽文忠，輒不慊于懷，自此以後，始甚嘆服！後常以語人曰：中國李鴻章，畧似吾德宰相俾斯麥云。

五

鴻章督直隸，其胞兄瀚章，總制兩粤，權位煊赫無倫，子姪輩居合肥原籍有仗勢作惡者，某年與鄉人偶爭佔基地，訴諸官，官畏其勢，捕鄉人，置于獄，鄉里公憤，控訴于巡撫，撫亦曾文正所選荐者，自不畏其勢，擬秉公執法，子侄恐事敗，乃乞援于文忠，文忠復誡，並貽詩一首云：『千萬家山爲㮾墻，讓他三尺有何妨，長城萬里今猶在，不見當年秦始皇。』此事遂寢。

六

先是，鴻章督兩江，奉旨內調，繼任者，爲胞兄瀚章，文忠故密其名，太夫人尙在督署，詔之曰：『汝即北上，何不將乃母先期遷出督署耶？』文忠曰，唯唯！既而，交接有期矣，太夫人益急，促其速遷家，文忠曰：『無妨也！』越日，門者報曰：新督至矣！旋見戴大紅頂，穿花蟒袍之新督，直入後堂，奔至太夫人面前，伏地叩頭曰：『兒來接二弟事！』太夫人恍然悟，輾然笑，老懷愉快，可想而知。文忠故弄玄虛，以取悅老母，其用心亦孝矣。

鴻章以大學士，歷聘各國，輒挈其子經方同行，長途無聊，父子閒話，文忠顧謂經方曰：『汝父負國家大任數十年，位極人臣，富貴足矣，果何故而至此耶？』經方躊躇未對，文忠拈髭而笑曰：『命運佳耳。』世之庸妄豎子，一登高位，予智自雄，以爲天下人莫我若，我固應如是也，以視文忠謙虛自牧，而委之于不可知之命運，其度量高下如何耶？

七

鴻章居相位，七十大慶，太夫人猶健在，自撰壽聯云：『已無朝士稱前輩。尙有慈親喚小名。』人生至此，快慰如何。

文忠病咯血，六七日不進飲食，臨危時，語以私，則不答，時周玉山方伯，馬金三軍門在側，問及國事，未嘗不淚涔涔下。尤奇者，目已瞑矣，玉山大哭曰：『我尚有言，公！何遽氣絕！』目忽大開。或責玉山多言，于是詭稱曰，俄公使言：『相國即去位，斷不作難中國事，兩宮不久亦自西安回鑾矣。』目乃堅瞑，易簀不忘國事，殆有古大臣之遺風歟？

八—鮑超

鮑忠壯，名超，字春霆，四川奉節人，曾文正部下猛將也。幼貧而蠢，年十八，無賴尤甚。有從叔母，面麻而黑肥，鮑愛其肥，兩人情好益篤，恐事覺，乃相偕而遁，流落爲乞丐，輾轉至湖南，行經某鐵匠店門前，值大風雨，因就舖簷下宿。舖之主婦，夜夢兩黑虎蜷門首，醒而異之，晨起，見鮑等尙擁臥未起，問所由來，留爲舖夥，鮑感其德，操勞甚勤。會曾文正在籍募練湘軍，舖佬勸其應募，卒以戰功，累官至軍門。鮑嘗親詣鐵匠舖，厚報乃佬，呼爲義母，殆有淮陰侯酬報漂母之風耶？

鮑未貴顯時本有妻，以貧典于人，迨功業成就乃贖妻歸，其從叔母欲避之，鮑固止不聽，竟亡去不知所終，亦異人也。

二

鮑滿身有癬痂疾，敗膚屑粒輒墮地而不之顧。常侍曾文正側，文正引古人懶而汚者以諷之鮑曰：『今有鮑癩狗，可與古人媲美耶？』文正爲之大笑！自此軍中皆呼「鮑癩狗」。鮑曰：『名我固當。』

鮑雖粗魯，亦雅敬文士。一日，提筆寫一門字，右欠一鈎，幕友啓之曰：門字不可無鈎，鮑羞而大怒，指聽事門而掌其頰曰：『汝試觀，門下可有鈎耶？』適壁上懸曾文正楹聯，有門字，幕友亦指而謂之曰：『曾大帥寫門字有鈎。』鮑顧果然，即仆地三叩首謝曰：『先生恕我武人。』蓋鮑生平信服文正，凡引文正言以啓之者，無不敬謹承受也。

三

鮑遭敵軍圍攻甚急，屬幕友草報告求于曾文正。幕友備述被圍情況，鮑俱不當意，曰：『何爲此文縐縐耶？』乃取筆寫一鮑字，于其外加圈數圍，付稗將急持去。文正得報，驚曰：『鮑癩狗被圍急矣！』即發兵赴援。此與軍閥悍將張宗昌行徑有相同者。當奉直大戰時，宗昌爲奉軍騎將，直軍統帥吳佩孚，以鄉誼勸其降，宗昌素敬慕佩孚，乃令記室草電却之，呈閱，罵曰：『媽裹×的！何須此酸溜溜耶？』遂自擬電曰：『你如反曹，咱就反張，王八蛋大家做。』佩孚得電，啞口無言。故併述及，以見鮑張異代同趣也。

九 曾國荃

曾忠襄公，字沅甫，國藩之九弟也。少懷大志，負奇氣，從國藩學，舉優貢，益致力經世之學。咸豐二年，太平軍大將石達開犯江西，國藩戰不利，沅甫急兄難，馳唔吉安知府黃冕，請于巡撫駱秉章，募鄉勇三千人，合周鳳山一軍，破敵于大汾河，以功擢知府，並統吉安諸軍，初出茅廬第一功，聲名已揚矣！

未幾，丁父憂旋里，旋復起，增募湘勇萬人，與胡林翼合兵攻安慶，大敗敵于太湖，朝旨授浙江按察使，又調江蘇布政使，蕪湖一帶敵勢更猖，沅甫精選銳兵，冒死焚敵壘數處，負病揮軍，苦戰四十餘日，殺敵數萬人，卒保東南危局，累功授浙江巡撫，仍統前線各軍事。

二

南京爲太平天國首都，拱衛甚固，沅甫屯兵四郊，日夜籌攻取大計，朝議退保蕪湖，徐圖進取，沅甫以敵爲烏合之衆，力足以蕩平，奏請緩退。國藩嘗親至陣前巡閱，見軍壘堅固，始罷退之議。

四月攻雨花台，與彭玉麐巡視江面，水陸並進，肅清江面敵，重賞募死士，掘地道攻城，屢失利。會當夏秋，士卒多犯病，沅甫仍奮勇，親督江寧九門皆破之，天朝大恐慌，自焚。時天王洪秀全已死，子福瑱繼立，餘黨擁之逃廣德，城遂破。沅甫整軍入城，救火、安民、搜捕敵黨。獲秀全兄仁達及李秀成，伏誅僞王將領等三千人，朝廷驚喜，加太子少保，封一等伯，授陝甘總督，命赴山海關治防，未久，乞病歸。

或曰，國荃軍入金陵，搶取金寶甚多，因以致富。左文襄嘗問之曰：『九哥生平得力處何在?』答曰：八個字而已！『殺人如麻，揮金似土。』然則，金從何來？殆悖入而能悖出者耶？

三

未幾，起用兩廣總督，旋內調署禮部尚書，又外調督兩江，加太子太保，居兩江任，凡六年，總攬宏綱，不苛細故，政通人和，軍民相安。嘗與太傅翁同龢論曰：『聽言宜擇不宜輕發。兵事，以不設險著形爲宜，多一險即多一敗象。馭夷，以柔，以忍辱爲主。用人，以下人爲先，眞虛則善言日至。……爲政曰順民心，處世曰恕，臨事曰簡。』同龢稱其『學于老莊，依于孔孟，學有根柢，吾弗如遠甚。』大抵堯舜之道，亦有術焉，術而利人，庶幾爲政治家，術而利己，則易流于獨裁，若夫違民意，尙強權，甚至殘民以逞者，更不足道也。

十 郭嵩燾

一

郭嵩燾，字筠仙，湖南湘陰人，道光二十七年進士，選庶吉士，丁憂歸。時，太平軍攻長沙，曾國藩以侍郎居里，奉詔練湘軍，筠仙力贊之。江忠源軍章門，筠仙往見，爲獻編練水師計劃，先造筏，列礮其上，配合陸軍夾擊敵，果著奇効，湘軍之名，自此大顯，論功授翰林編修，入直上書房。同治改元，外放蘇松糧備道，遷兩淮鹽運使，筠仙躬自掣驗配置，不稍寬假，凡有擅自處理者，悉捕治之，重則奏請嚴辦，故積弊甚久之鹽政，因此革新矣。

二

逾年，授廣東巡撫，旋擢兵部侍郎，出使英法大臣，英人馬加理過雲南邊境遇害，筠仙疏劾岑毓英，意在懲一毓英，以箝外人之口實。而一時輿論大譁，指爲存心媚外，頑固派尤爲切齒，中英邦交，因此幾絕，筠仙憤計不見納，而關心國事，乃再上陳曰：『交涉之方，不外理勢，勢者人與我共，可者與，不可者拒，理者所以自處，勢足而理直，固不可違，勢不足而別無可恃，尤恃理以折之。……』因條陳四事以進。郎中劉錫鴻恐疏上觸忌，故遏之。迨筠仙覺再補上，而事已無及矣。

未幾，中俄事起，羣臣多主戰，徵調騷然，筠仙憂之，又上疏條陳六事，上嘉其意，詔曾紀澤使俄，卒改約，事乃解。筠仙雖罷退家居，未嘗不關心軍國大事，對于朝鮮亂作，法越衅開，亦多有所論列。

三

馬江敗後，筠仙慨然而論曰：『宋以來，士大夫好名，致誤人家國事，託攘外美名，圖不次峻擢，洎夫事變，故與遷就，倉皇周章失厝，喪心害理，莫斯爲甚。

』又嘗言：『欲遍四海皆開煤鐵，中國皆築鐵路，外人富强，中國所不及……』稿傳于外，時議益多訶責，謂爲中洋毒。有人撰聯以罵之曰：『出乎其類，拔乎其萃，不容于堯舜之世；未能事人，焉能事鬼，何必去父母之邦。』迨至庚子禍作，其言果驗，朝廷雖欲起而重用之，而筠仙已歿矣。嗟嗟！國家將亡，故步自封，不能取人之長，以補己之短，而反忌人之長，以揚己之短，雖有一二賢者，亦無所用，吾觀郭筠仙之遭遇，重有所感焉。

十一　曾紀澤

一

曾惠敏公，字劼剛，國藩之子也。少負儁才，以廕補戶部員郎，父憂服除，襲侯爵。光緒四年，充出使英法大臣，太常寺少卿，轉大理寺。使俄大臣崇厚，以擅簽條約，獲罪撤，卽以紀澤兼任。先是，俄乘我國內亂，據伊犂，迨我平回亂，乃舉以還我，議定界通商，前使俄大臣崇厚未奉朝旨，擅自與俄簽條約，而所定之約，又多損及國家權利，內詔紀澤改前約，俄以崇厚罹大辟罪，怫然！紀澤慮以此礙交涉，奏請貸崇厚罪，朝旨許之，論監禁。

二

紀澤疏陳伊犂辦法有三，卽戰、守、和，力言戰守皆不足恃，仍應言和，並條陳和議辦法云：『………交涉貴有一定之計，勿致後日迫于事實，復有後允之條。

今臣至俄都，但言兩國和好，自應遣使通誠，至于辦法公事，傳達語言，原係使臣職分，俟奉文牘，再行商議，如此立言，庶不致見拒于鄰邦。臣駑下，惟有凜遵聖訓，不激不隨，冀收得尺得寸之功……。』終與俄使辯論，凡數十萬言，而議始定。崇厚原約僅得伊犁之半，紀澤爭回南境各要隘，足以自守。其他通商各條，亦得公平之釐定。歸國後，以功，擢左副都御使。

三

未幾，法戰衅開，紀澤又奉命當交涉之衝，與法人抗辯，不稍屈撓，疏陳備禦六策，俱能針對實事，言中肯綮，旋授兵部侍郎，又奉命與英國議定洋藥稅釐，致歲增六百餘萬。明年，擢總理各國事，並兼戶部、刑部、吏部侍郎。紀澤以一身膺重寄，益殫精竭銳，期圖報稱。詎積勞而歿，朝廷震悼，加太子太保，諡惠敏。翁同龢日記有云：『訪劼剛問疾，則皷在門矣，入哭，爲改遺摺，嗟嗟，此人通敏，亦嘗宣勞，而止于此，可傷也！』

十二　張曜

張勤果公，名曜，字朗齋，其先世上虞人，改籍大興，旣復隸錢塘。生有神力，好勇鬥狠。初不識之無，學于夫人，執弟子禮，遂貫通文史，以武功起家，而以文吏顯時，其異事也。

當其撫魯時，酷好古人書畫，有持獻者，重金酬之。或持楹聯至，紙色斑黯，筆法渾樸，古物也，上欵書孔明仁兄大人，下欵署雲長弟關羽。大悅，立酬兩千金。懸諸廳事，沾沾自喜，見之者皆莫名其妙！

居恆好客，客之來者，不分賢愚悉納之，於是濫竽其間者亦衆。卒後，家道蕭然，而魯之人追思不已，曾建專祠于大明河畔，歲時祭祀如儀。相傳，生時，太夫人夢張飛入室。故時人輓以聯曰：『橫海東西，無處不聞齊仲父；大江南北，有人曾夢張桓侯。』蓋紀實也。

二

先是，貧甚，爲人賃舂，負米數石過市間，偶見羣衆聚觀一少婦，啼泣求死，問之，則夫死不肯嫁，而姑迫之，張慨然曰：『天下豈有此事理！』乃以所負米壓其姑，斃之，畏罪亡命河南。以悍勇爲豫人所服，衆推爲領袖，呼曰：「張大哥」。時捻匪圍攻固始縣城，縣令儒者也，有女美甚，懼城陷俱死，乃榜于市曰：『有能守此城者，以女妻之。』衆曰：『非張大哥不能享此艷福！』笑而應之。謁縣令，籌守禦，揮奇兵出城，與匪肉搏戰，匪大驚潰。淸將亦率大軍來援，未至數里，遙望火光下，一將往來軍中，如入無人之境，驚曰：『此神兵也！』及至勞問，因奏署固始縣事。舊令果以女妻之。

三

　　夫人美麗而嫻靜，又擅詞翰。情愛益篤，後，張以功擢河南布政使，御史劉毓楠劾其目不識丁，乃改任總兵。大恥之，遂學于夫人，執弟子禮，夫人輒訶罵，或以夏楚擊之，色益恭，而禮益謹。迨左文襄督師剿回，奏調領兵，張恥爲武官，不應，夫人詔之曰：『汝抗命，將謂朝廷不能殺汝耶？』聞言，立往從左軍。後，文襄聞其事，又奏改文職，巡撫山東，輒對僚屬稱夫人之能，刺刺不休。並問衆曰：『汝等畏妻否？』或答以不畏者，乃正色曰：『汝胆好大，妻乃敢不畏耶？』又嘗語其私昵曰：『以夫人爲師，白日執弟子禮，此中樂趣，有不可思議者也！』

十三 蔣益澧

一

蔣果敏公，字薌泉，湖南湘鄉人，少行不檢，不諧于鄉黨，乃客遊四方，亦無識之者，投湘軍，從征，屢建功，叙九品，隸羅澤南部，澤南奇其才，許列弟子籍。迨澤南殉難，輒與主將齟齬，益悒悒不得志。

二

未幾，廣西太平軍熾甚，乞援于湖南，總督駱秉章以宿將盡出征，左右無可屬者，益澧請行。乃令率千六百人赴之，屢克敵，授布政使銜。石達開窺湖南，掠全州，益澧分兵守柳州，自回湘援省垣，累遷布政使，遇劾降道員。

益澧年少躁急，曾國藩素惡之，惟左宗棠特加器重。會，宗棠奉命規復浙江，疏請益澧爲助。同治元年，調浙江布政使，嘗親臨前線，辟易千人，轉戰各地，連克强敵，宗棠追敵赴閩，以益澧護理巡撫，乃疏陳善後事宜，築海塘，捕槍匪，減漕糧，裁關稅，增書院，設義學，興善堂，百廢俱舉，商農相率來歸，故東南各省善後之政以浙江爲最者，益澧之力也。

三

逾年，擢廣東巡撫，興教革政，雷厲風行。旋爲總督疏劾，下閩浙總督吳棠按奏，以任性不依例案，議降四級，以按察使候補。

益澧治粤，御部屬極嚴，輒微服出巡視，一日出，見賣餛飩者方扭一部兵相毆，詢其故，則曰：『兵士食餛飩，向索錢不與，故與爭詬而毆。』益澧曰，此易解耳，卽令隨從立斬兵，剖其腹驗狀，賣餛飩驚駭求免不可，已而，果見兵腹中餛飩流溢，乃斥賣餛飩者使去，其執法往往如此。誠如吳棠所奏，任性不依例案者也。

洎夫日本窺台灣，廷旨起益澧入京將大用，未果，暴病卒。江蘇楊昌濬，梅啓照先後奏陳益澧下浙有大功，詔建專祠，謚果敏。

四

相傳，益澧生時有異稟，降世之夕，芸香滿室。幼貧，母携之乞食于鄉里，輒舉其異誇于衆曰，此子他日必貴，幸勿以其貧而輕之也。母與鄰居陳謝氏同年，結爲姊妹，每過其家必留數日而去，故誡其子曰：『同年娘待汝厚，他日苟富貴，勿相忘也。』及益澧從軍升把總，召陳母兩子至軍中，視若骨肉，不幸俱陣亡。益澧乃盡行囊數千金，以奉陳母。迨巡撫廣東時，陳母以八十二歲病歿里中，益澧聞訃奔喪，望門號泣！並爲營葬地，與其母同一壯麗，至今過墓下者，莫不憑弔唏噓稱其風義也。

十四　陳國瑞

陳國瑞，字慶雲，湖北應城人，年十三，為太平軍所獲，相從戰陣，頗有勇名，既出投總兵黃開榜，開榜愛其勇，收為螟蛉子，因冒姓黃。

國瑞從征，每戰必衝鋒，善以寡擊衆，攻懷遠時，率七人夜渡河，攀堞先登，擲火燔譙樓，城中大驚擾，殺悍將十餘人，遂克懷遠，欽差大臣袁甲三督師攻定遠，捻首李光率大隊來援，國瑞奮勇躍敵陣，脅中槍，乃割襟裹創口，大敗敵于定遠，以功擢遊擊，乘勝東進，解揚州圍，進攻淮安，淸江，斬敵首級千餘，晉授總兵，因以顯名蘇、皖、贛、楚、魯、豫間。

惟是，國瑞雖勇悍無儔，然亦能用謀畧，自戴紅纓小帽，狀頗怪異，敵軍呼為「紅孩兒。」畏其驍悍，輒避不與戰。平時喜怒無常，而賞罰甚嚴明，所部器械犀利，糧餉加豐，故士卒亦樂爲効死。遇人無長幼貴賤，咸自稱「老子」。稱所部曰「孩子們」。常對兵衆宣言：『孩子們在老子部下，須要預備三頭腦袋，第一個腦袋，要對得起國家，第二個腦袋，要對得起老子，第三個腦袋，要對得起百姓。』此其訓練大綱也。

二

國瑞身裁短肥而健，性淫，酷嗜女色，蓄美女甚衆，每夜以三人爲値，否則，不足滿其性慾。一日，戰于桐城，未携女子，而淫慾大發，計無所出，惱躁欲死，左右以重金招一貧家女，願以色供獻者，惟一經摧折，次日竟委頓大病，再易以他女，無不棄甲曳兵乞請而退也。

總督吳棠屢疏劾其病癲，行軍無紀律，嘗發遣至新疆，宮中太監亦有因罪同遣者，見其貧贈以金，國瑞憤然曰：『老子從不要沒××人的金銀。』竟却之。未幾，免罪，起戍黑龍江，太監因罪，多發邊疆勞作，每至一人，國瑞必剝其衣，盡赤而後鞭之，且數之曰：『汝等沒××的人，得近太后，皇上，一旦受寵，得意忘形，無惡不作，甚至貽禍國家，非痛鞭一頓，不足以消老子心頭之恨。』如是，幾著以爲例。

迨西捻張總愚犯畿輔，樞臣張之萬，疏荐國瑞赴援，至則力戰兩晝夜，大敗總愚，因擢頭等侍衞，將大用，李鴻章謂其性情未改，遂止。旋暴殂，相傳爲人所害，並失其元云。總督張之洞疏陳國瑞戰功卓著，無敵不克，詔建專祠。

昔漢高祖劉邦亦喜自稱曰：「乃公」。辛稼軒詞云：『………一邱，一壑，老子風流佔卻。』蓋奇傑不馴之人，往往有自大狂，好居人上，得志者，則稱孤道寡，失志者，則屈爲末將，才云乎哉？命運爲之耳，千古同慨也！

十五 程學啓

程忠烈公，字方忠，桐城人，初陷太平軍中，陳玉成奇其勇，使守安慶。咸豐十一年率三百人來歸，曾國藩使領一營，每戰輒身先士卒，克安慶，厥功爲最，擢遊擊，賞戴花翎。

合肥李鴻章奉命規江蘇，擬招其爲助，學啓慨然曰：『某受曾公厚恩，義當終始，然下游亦國事，且熟習情形，無若某者，曾公若允，願從行。』鴻章請于國藩，擧爲先鋒，頻行，國藩勉之曰：『江南人譽張國樑不絕口，汝好自爲之，亦一國樑也。』鴻章詢以入蘇方畧，答曰：『下游水鄉，多橋，有一河卽是一營，有一橋卽是一將，得營得將，何功不成。』及功績卓著，或問其學何兵法？曰：『先有事，後有法，何今何古，在相地勢，得士卒之心而已。』

學啓圍攻蘇州時，所部僅三十二營，約兩萬人，而太平軍守城不下二十萬，學啓奮勇馳驅，攻陣奪壘，屢有斬獲，並于蘇城四郊，聯翩立營，樹以旌旗，令各營將士分番出入，或分日移駐，使竈烟炊火，日夜不絕，敵軍瞭望，不知多寡，因震懾而約降矣。

二

蘇城降王先請約定三事：一、劃半城以屯其衆；二、編爲百營照給餉；三、給諸王總兵副將官職，但不薙髮。學啓一一佯許之。列約之敵王八人，雲官、伍貴文、汪安均、周文佳、范啓發、張大洲、汪懷武、汪有爲，皆插血爲誓，學啓密陳鴻章誅八王，鴻章曰：『殺降不祥，且堅他敵之死拒。』猶豫不決。學啓曰：『今賊衆二十萬，徒以戰敗畏死而降，心固未服，分城而處，變在肘腋，何以善其後？』鴻章乃許。

翌日，八王約期出城相見，留宴軍中，溫語以接，酒半酣，左右報有廷寄，鴻章起曰：『請程軍門陪客。』學啓遽入，揮健卒百人，挺矛刺殺八王，皆死，乃鳴鼓嚴陣入城，持八王頭示衆將士曰：『汝主詐降已伏誅矣，脅從無罪。』敵衆大驚擾，學啓揮兵殺其悍者數百人，餘衆分別遣留，皆帖服，于是，乘勝克平望，攻嘉興毀敵砲台二十餘。學啓揮軍肉搏登樓，中槍貫腦，踣而起，竟復城，以傷重歿于軍。鴻章疏陳學啓于兩年間，復江浙名城十數，收蘇州爲東南第一戰功。優詔賜䘏，贈太子太保，于安慶、蘇州、嘉興建專祠，謚忠烈。曾國藩稱李鴻章處理蘇州降王事，『眼明手辣。』不知皆學啓謀之也。

十六　劉銘傳

劉壯肅公，字省三，安徽合肥人，咸豐四年太平軍陷廬州，鄉人築堡自衞，其父爲他堡豪富所辱，銘傳時年才十八，憤甚，追豪富數里外手刃之，自是勇威丕著，而畏罪從官軍，克六安，援壽州，以功叙千總。

同治元年，李鴻章募淮勇援江蘇，銘傳率鄉團從至上海，號銘字營，招撫南滙降敵四千人，編爲勁旅，李秀成糾衆十萬，分水陸兩路來攻，銘傳力戰大敗之，乘勝攻毁敵壘三十餘處，論功以提督記名，追曾國藩督師剿捻，主用淮軍，以銘傳勇冠諸將，令統軍北上解沭陽圍追北至諸城，日照，蹙之海濱，殲其衆，河流盡赤，東捻平，論功最，授三等輕車都尉，以病乞假歸。

西捻首張總愚，自陝竄河朔，畿輔大震，銘傳臥病在家，鴻章假朝命強起之，又大敗西捻，總愚赴水死，西捻平，晉一等男爵，命督辦陝西軍務，旋引疾歸，論者鴻章平捻之功，銘傳爲最也。

二

中俄伊犂事起，朝議備邊防，急召銘傳至京，乃疏陳兵事，以築鐵路爲當務之急，鐵路一開，南北東西呼吸相應，無徵調倉皇之虞，無轉運艱阻之慮。故倡築鐵路者，銘傳啓其端也。迨法蘭西擾海疆，再起銘傳，以巡撫銜，督辦台灣軍務，銘傳以無兵艦，不利海戰，乃退守基隆，誘敵登陸，尋斃法軍官二，兵百餘，敵來益衆，冒風雨，跣足督戰，堅守八閱月，明年和議成，授台灣巡撫。

三

銘傳蒞任後，以兵制久敝，不饒給財用，無能革新，如是清丈田畝，賦收倍經額，進而築砲台，購火器，設軍械局，水雷學堂，興造鐵路，設電線，郵政，欲以一島基國富强，用心亦良苦矣。嘗登滬尾砲台，東望日本，喟然嘆曰：『卽今不圖，我爲彼虜矣。』已而，戶部奏請緩置艦砲，復嘆曰：『人方謀我，我顧以撙俎折之乎？』遂三疏求去，以後屢召不起。

銘傳以軍功起家，粗識之無，而幕府多文士，雅敬禮之。後改文職，益自謙抑，初學作小詩，後竟通詞翰，有大潛山房詩鈔，皆銅琶鐵板之音，非一般文士所及者。

曾國藩序其集云：「省三用兵能横厲捷出，不主故常，二十從戎，三十而擁疆寄，聲施爛然，爲時名將，惟所向有功，未遭挫折，蔑視此虜之意多，臨事而懼之念少，若加悚惕戒愼，豪俠而具斂退氣象，尤可貴耳。余覽其詩卷既畢，因題數語以勗勉之。』蓋寓規于頌也。

十七 岑毓英

一

岑襄勤公，字彥卿，廣西西林人，以諸生治鄉團，擊土匪有功叙縣丞，咸豐六年，率勇赴雲南，助剿回匪，克宜良，即權縣事，連破路南，澂江，兼署知府，親撫回酋馬如龍，曉以順逆大義，如龍獻所踞新興等八縣，巡撫徐之銘疏陳毓英安撫有大功，授布政使，加按察使銜，賞戴花翎。

二

自是，皷其悍勇，掃蕩散匪，所向無敵，又生擒賊酋楊榮、蔡廷棟、馬仲山磔于市，雲南半壁肅清，賜黃馬掛。未幾，全滇底定，加太子少保，一等輕車都尉世職。光緒二年，丁繼母憂，除服，授貴州巡撫，加兵部尚書銜，旋調福建，督辦台灣防務，開山撫番，濬大甲溪，築台北城，增軍械，厲防務，朝廷嘉其功能，授雲貴總督，權威日增，雲貴各省，無不望風而服也。

是時，法越事起，自請出關赴前敵，廷旨節制關外粵楚各軍，乃屯兵興化，指揮軍事，節節勝利，不圖，中法和議成，遽下停戰詔，乃班師入關，否則，以毓英之聲威，輔以劉永福、馮子材之悍勇，則克法軍而揚國威，平越亂以固邊防，亦意中事耳。

三

毓英本係土司親屬，初以訟累不直，逃避雲南，由縣丞而積功至封疆，亦云幸矣。其爲人狀貌雄偉，善駕馭，治軍專用土人，親與士卒共甘苦，食不兼味，終日赤足芒鞋，履山險如平地，臥木榻，不用襯褥，即貴爲督撫，教子弟亦如是。性好動，習縱跳，如同猿猴，每克一城，縱兵士取財物，不以入己，故將士樂爲効死，此在軍紀上，自有可議處，然亦當時殺敵致果之術也。當其督滇時，英人馬加利探路遇害，致成交涉，傳爲所嗾使而虛實莫辨，或有詢其顛末者，但笑而不答。

爲人雖喜兵事，而知讀書，頗有學問氣味，明于史事，而世故較深，嘗論邊事，大略管制宜改，弓矢可廢，專用槍砲，砲台宜小，專用地營與滇事相終始者數十年，覇才跋扈，竟成戡亂偉績，信乎識時務之俊傑，能自樹立者也。

十八　張樹聲

一

張靖達公，字振軒，安徽合肥人。太平軍進皖北，以糜生與其弟樹珊，樹屏，治團拒之，復越境出擊，連克含山、六安、霍山、潛山、無爲、太湖一役，以五百人陷敵陣，破陳玉成衆數萬。故皖北雖破碎，而合肥獨安謐如常者，樹聲之力也。

二

曾國藩嘉其功能，奏保知府，同治元年，從李鴻章援上海，鴻章立淮軍，與劉銘傳等分領其衆，從克江陰，晉授道員，次年，攻無錫，奪獲戰艦器械不可稱計，乘勝趨常州，連攻河干二十餘營壘皆拔之，敵軍望風披靡，而樹聲之威名，遂揚溢于兩江矣。

踰年，進復浙江湖州，敍功以按察使記名，旋署江蘇徐海道，又調直隸按察使，赴大名督辦防務，越二年，擢漕運總督，署江蘇巡撫。丁繼母憂歸里，光緒三年，起授貴州巡撫，會廣西匪熾，紛亂過于他省，廷旨調樹聲撫桂，整軍厲武，先後剿平西林苗匪，武宣積匪，而全省底定，晉授總督。

三

直隸總督李鴻章母喪歸葬，樹聲奉旨攝直督。時值朝鮮亂作，日使花房義質將兵五百入王京，迫朝鮮議約，樹聲乃飛檄吳長慶赴之，揮軍攻亂黨，悉殲其魁，亂遂平，即疏奏長慶戍朝鮮，清廷嘉其能，加太子少保，明年，還督兩廣，會法越構兵，即以法人狡黠奏聞，迨北寧陷落，乃扼腕而嘆曰：『外侮如此猖獗，國將不國，若不大加撻伐，將何以立國，粵中雖空虛，而禦侮尤爲急務。』于是疏陳解總督職，專治軍事，並馳赴越南督師，詞氣慷慨，一往無忌，致觸言官之怒，以報事不實，參罷革職留任，未幾，憂憤病歿，謚靖達，予直隸，江蘇，及本籍建專祠。

樹珊，樹屏，以從征上海，復轉戰松江，蘇州，常州，及平捻亂，屢著顯功。樹珊則授廣西右江鎮總兵，樹屏爲太原鎮總兵，一門將星，棣蕚流芳，至今猶傳人口，庶幾不失曾李之遺風歟！

十九 郭松林

郭武壯公，字子美，湖南湘潭人，初起，隸曾國藩，援江西克安福，叙功授把總，克吉安，擢守備，克安慶，擢游擊，轉戰江南，揮刀入敵陣，血染衣盡赤。每應戰，敵皆潰走，論功以提督記名，旋晋總兵，大破敵三河口，敵軍爭道遁，尸塞，河水爲之不流，收復長興，厥功爲最，追邑河一役，傷足踣地不能走，將士不見松林，復殺入敵陣，負而出，以創重乞假歸。

越年，傷愈，合肥李鴻章令統萬人，號武毅軍，瀰河一役，殺敵兩萬，俘萬餘，敵將徐昌先，范汝增，任定，皆伏誅，乘勝逐北，追敵至淸江，歷十六晝夜血戰，斬俘過半，東捻遂平。

二

西捻復進犯畿輔，松林敗之安平，再破之茌平，自臨邑築長圍至馬頰河，松林偕潘鼎新王心安守之，敗賊于海豐，追至德州，血戰半月，大敗之于沙河，俘斬四千人，餘賊退黃運徒駭河間。松林縱橫要擊，捻首張總愚赴水死，西捻又平。

論功爲最，賞黃馬褂，予輕車都尉世職，授湖北提督，旋調直隸。以光緒六年，卒于官，優邺，建專祠，謚武壯。

松林貌奇偉，雙眉插鬢，風度瀟洒有致，及臨陣，縱橫奔馳，悍勇不可當，時人稱爲淸代趙子龍，有馬名大白龍，能越溪流，四卒持其尾，隨之以渡。殆不讓劉玄德馬躍潭溪專美于前也。

惟松林性好女色，『不可一日無此君。』有姬妾十六人，一爲揚州名妓，國色也，松林獨鍾愛之，夜夜幸焉。湖南所建之宅，共分十六處，每一宅，居一妾，衣服器具，飲食起居，絕不少異，諸妾晨起，咸視揚州妓之裝束爲準繩。松林雖悍勇無匹，辟易千人，然一見此妓，則馴伏如小綿羊。及松林卒于直隸提督任，揚州妓，感其恩愛，吞金以殉，相國李鴻章嘆爲節烈，附片爲請旌，是又徐州燕子樓之關盼盼也。

二十一 聶士成

聶忠節公，字幼亭，安徽合肥人，初從袁甲三軍討捻，補把總，同治初，改隸淮軍，隨劉銘傳分援江浙閩皖，累功至副將，東捻平，擢總兵，西捻平，擢提督。光緒十年，法蘭西擾台灣，士成揮軍渡海，屢戰却之，旋師北上，統慶軍，平熱河，朝陽敎匪，聲威益壯，仍留盧台統軍，嘗單騎巡閱邊境，歷東三省，俄羅斯東邊，及朝鮮等處，圖其山川險要，著東遊紀程，逾年，日朝戰起。率師平亂，屢著戰功。奉旨編所部爲三十營，與袁世凱，董福祥，並爲統帥。

二

二十六年，拳匪亂興，殺敎士，焚黃村鐵路，士成力救之，匪遽仰擊，軍中大憤，痛剿之，匪乃利用其黨訴于朝，是時朝中匪黨已成，即揑詞疏劾，降旨痛斥，既念士成爲夙將，且所部又久練節制之師，亦不願過觸其怒，乃謀所以和解之，始由滿籍大臣馳書勸勿妄動，士成覆書曰：『拳匪害民，必至害國，士成身任提督，境內有匪，理宜肅清，事成之後，雖受大創，靡所逃死。』自是守楊村，遏匪南侵。

三

會英法聯軍至，士成欲擊之，總督不可，士成大憤，顧謂所部曰：『身爲提督，有匪既不能剿，有敵又不能阻，安用此軍爲耶？』乃分三路迎拒，自守天津，劇戰十數次，相持八晝夜，炮聲不絕，外人謂自與中國交戰，從未遇此悍勇者也。故自大沽失守之後，京津旦夕可危，而卒能延一月之久，使兩宮西幸，無意外之危者，士成爲之也。

四

迨至各國大隊來援益衆，並燃放毒烟砲，我軍以久戰之兵，又無繼援，勢始不支，所謂滅洋之拳匪者，輒作壁上觀。士成憤然曰：『以滅洋爲口號釀禍開釁者，拳匪也，今臨事退諉，不敢出戰，然猶竊忠義之名，外肆盜賊之行，以害閭里，若不重懲，無以慰軍人而謝百姓。』乃下令，先攻匪，再拒敵，不知已造成內外受敵之局勢，而敵又猛襲，戰不利，退據橋上，士成手刃退兵，顧謂將士曰：『此吾致命之所，踰此一步，非丈夫也。』果以身中數砲，腹裂腸出而死，朝野聞而悲之！自士成死後五日，京津陷，死有重于泰山，豈士成之謂耶？逾二年，事平，袁世凱疏陳其功，贈太子少保，謚忠節，建專祠。

二一 吳棠

一

吳勤惠公，字仲宣，安徽盱眙人，光緒十五年舉人，幼貧，父爲小商，母知書，教之讀，寒暑無間，並嘗引王禹偁句以勉之曰：『但憑心裏正，何愁眼下遲？』仲宣聞而感泣！秋闈報捷，得力于母教也。

江蘇泗陽，位居淮上，盜風素著，卽吏役亦陰與盜通聲氣，仲宣初宰是邑，窮追遍搜，躬親督隊，絕不假手于人，越年，四境安謐，父老咸相慶曰：『吳老大爺，眞民之父母也。』旋奉旨擢淮安知府，于禦捻亂，保閭閻，尤著奇功。

二

仲宣微時，貧而好施與，見乞丐衣不蔽體者，輒衣之，嘆曰：『丐亦人耳，貧而不知恥，非其本意也。』及至顯達，益慷慨樂善，凡里黨戚友有貧乏者，無不隨時周濟其急。

某年，其故友旅櫬，道經清河，仲宣賻以三百金，命吏賚往，吏見舟載官柩，未詳詢，即以金付之，舟中疑死者與吳有故，安然受之。及吏持回帖覆命，仲宣知誤，不之責，復具金如數，躬自携往故友舟，並將錯就錯，詣鄰舟弔焉。舟中景況蕭條。應對無五尺之童，正感嘆間，一旗婦携二女出，拜謝曰：『先夫舊時寅友，無復惠及寡婦孤兒者，惟公古道熱腸，不以炎涼異度，我母女將有得覩天日之時，誓不能忘也。』仲宣不知所對，唯唯謙遜而已。庸詎知此煢煢弱息中，其一，即後來垂簾聽政名滿中外而負清末一時大權之慈禧太后也。

三

同治末葉，仲宣觀察徐淮，以守正不阿，致遭當道奏劾，疏入，慈禧立交部查明吳棠其人，是否曾任某令某守，部覆奏果然，慈禧驚喜曰：『此良吏也，何可妄劾？』遂擢仲宣總理漕運，召見，命坐，賜錦緞，欷歔感激之私，溢于言表。踰年，仲宣又漕劾，乃特旨爲欽差大臣，總督四川，蓋慈禧日理萬幾，前事易忘，不見劾文，翻不能憶及仲宣，劾之者，適所以彰之也。可知天下事有不可以常理解釋者，佛說輪迴六道，固屬渺茫，然而，自然界之現象，先後相續，有因有果，隱隱然若有一定之法則也。

二二　劉坤一

一

劉忠誠公，字峴莊，湖南新寧廩生，咸豐五年，太平軍興，領鄉勇克服茶陵，敍功授教諭，總督駱秉章遣將劉長佑援江西，坤一爲長佑族叔，自領一營從之，輒立奇功，擢知州，克臨江，晉知府，長佑以病歸，坤一代將其軍，克建昌，擢道員。

石達開攻湖南，坤一揮兵回援，解永州新寧之圍，擢布政使，達開既不得志於湘，乃趨川楚，坤一扼之不得逞，又大敗之於登龍橋，累功授兩江總督。

二

時俄羅斯以交還伊犂，藉端要挾，坤一上疏曰：『東三省無久經戰陣之勁旅，急宜綢繆西北，既戒嚴東南不可復生波折，日本琉球之事，亦宜早爲結束，勿使與俄人合以謀我，英德諸國與俄猜忌日深，應如何給爲聲援，以伺俄之後，凡此皆賴廟謨廣運，神而明之。………』坤一固早燭俄之奸，知必謀我，不圖當局始終不悟，因循苟且，以至今日竟嗾使爪牙殺我人民兩千萬，坤一地下有知，其痛心何如耶？

三

法越構釁，又上疏廣請由兩廣遴派大員統率勁旅，鎮守邊境，以剿土匪爲名，密謀國防部署，並于雲南據險設守，以取犄角之勢，法人知我有備，其謀自沮。若不早爲扶持，覆亡立待，滇粵藩籬盡失，逼處堪虞，與其補救於後，曷若愼防於前，疏上蒙嘉，但未實行耳。

坤一督兩江甚久，素多病，臥治江南，事持大體，或以左右用事聞於朝，詔之曰：『凡事不可偏信，振刷精神，以任艱巨。』坤一屢疏陳情乞退，不許。

四

迨拳匪亂作，淸廷措施乖常，坤一採納江蘇張季直之計劃，與張之洞等創議東南自保，與各國領事訂互保之約，故八國聯軍陷平津，而東南各省安然無恙。光緒二十七年與張之洞會商聯疏請變法，以興學育才爲首務。逾年卒於位，優詔嘉其秉持公忠，才猷宏遠，保障東南，厥功尤著，贈太傅，謚忠誠，建專祠以祀。張之洞疏陳：『坤一居官廉靜寬厚，不求赫赫之名，而身際艱危，維持大局，從不推諉，能斷大事，有古名臣風度。』翁同龢亦稱其『樸訥有道氣，深識遠見，迥非時流所能及，每談時事，至於揮涕，不愧大臣之言。』蓋坤一謀國，獨見其大，而宏籌遠畧，終未施行，此淸室之所以速亡也。

二三 劉永福

一

黑旗將軍劉永福，一名義，字淵亭，廣東欽州人，道光十七年九月十一日生。初貧，父母相繼逝世，零丁孤苦，惟以漁樵自給。是時，洪秀全、楊秀清等，以反清復漢，號召於天下，已奠都南京矣。永福年二十，慨然曰：『大丈夫不能爲生靈造福，已可恥，況日夕啖稀粥不能飽，又焉可鬱鬱居此乎？』偶遇星相家陳元揚，顧謂之曰：『爾現業如何？』永福曰：『兵不兵，賊不賊，依人度生，日討兩餐，隻身以外，別無所有。』曰：『子之相，奇相也，亦貴相也，福祿壽三字，兼而有之，今雖未見，他日必驗。』永福益躍躍欲試。

二

先是，兩廣滇越間，長髮黨盛行，此衰彼興，無處不有，永福乃糾合鄉人留長髮，從軍，承長髮黨魁吳琨之後，據雲南東境，稱黑旗黨，自爲首領。會清廷乘破金陵勢盛，進兵掃南中，永福知不可爲，又不願附清，思於越南謀立功自效，如是歃血盟衆，揮兵入越，誓爲越南剿平白苗猺，義旗所指，戰無不克，越民慶賀，簞食以迎，越王阮時，嘉其義而論其功，援七品千戶職。惟保勝十覇何均昌夙擁兵力爲一方之强者，懼永福居越，不利於己，遣兵以拒，永福大破何軍，乘勝攻克保勝據之，自此聲威遠揚，越之人，莫不知有黑旗劉將軍也。同時，土著石幫子等，猖獗擾亂十州，永福遣兵剿平之，越王大悅，授永福爲保勝防禦使。

三

法越失和，法將安鄴進陷河內，越王使使詣永福速出兵，乃督軍冒死戰，大破法軍，斬首數百級。越王受法愚，與訂法越親善條約，飭永福退兵，不得已遵之，旋以越境暫安，請返欽州省祖墓，歸途所經過者，越民歡送，萬人空巷，對此保國衞民之劉將軍，皆依依不舍。

四

明年，法人敗盟，攻南定，越王飛使詣欽州，促永福返越籌戰，遂別國人，再出關，抵山西，而法軍已陷南定。

永福既返任，部署畢，親率部將楊志仁、吳鳳典、黃守忠、鄧士昌等，星夜進發，法軍統帥李威呂，亦著名宿將也，初戰不利，永福憤甚，親率健卒衝敵陣，血戰一日夜，殺敵五千人，中有一屍，袖飾七畫，驗之，法統帥李威呂也。又殺法偏將阿非利，是役，楊志仁亦戰死，論功授永福提督，封義勇男。

越軍雖勝法，而越王終懼法，又議和，仍飭永福退兵，初不奉命，志在掃平帝國主義侵略軍而後已。越王讁之曰：『若不退，是反朕，朕不認若爲臣矣。』不得已，乃再退。

法人雖與越南時戰時和，然乃不時擾我邊境，進而侵犯台灣，總督張之洞疏奏劉永福智勇堪大用，清廷至是始詔曰：『越南受我大清封二百餘年，載在典冊，越南君臣私與法國立約，並未奏聞。劉永福雖抱忠懷，而越王昧於知人，未加拔擢，該員本係中國之人，著以提督記名簡放，統率所部，將法人侵佔越南各城，迅圖恢復。』於是永福受清廷諭，即誓師，以『越南臣民，惟知有中國，不知有他國……』傳檄中外。

是時清將馮子材，亦大敗法軍於鎮南關，克諒山，追奔逐北，法人已氣奪。然清廷以消息隔閡，昧於事機，遽與法人議和，下停戰詔，永福、子材皆憤惋不已。法人復要求，以永福不離保勝，法軍不撤澎湖，清廷令速退，時勢困英雄，天下皆痛惜之！張之洞復遣使勸入關，乃條陳善後辦法，之洞悉納之。遂簡部得三千人，率以歸廣州，授南澳總兵，旋奉詔入京引見，德宗殷加慰問，仍返粤，駐欽州。未幾，朝鮮事起，日軍侵台灣，乃詔永福赴台，幫辦軍務。既抵台，建堡壘籌防戰，時唐景崧爲台灣巡撫，與永福論事不諧，又慮永福勢盛不易制，乃令率部駐台南，而台北防務疏懈，日艦突進攻，遂不守矣。

五

光緒二十一年中日議和成，割台灣畀日，台之名士邱逢甲率紳民抗拒，謀獨立，嘗詣永福詢可否？答曰：『與台共存亡！』旋立台灣爲民國，推唐景崧爲大總統，而日軍攻之益急，台陷，景崧逃歸，永福獨據台南，誓死守，台南紳民立議會，持大總統印授永福，永福曰：『今日事，軍事也，總統印無能爲也！』逾數日，議會再授印，永福勉之曰：『爾台民有銀出銀，無銀出米，無米出力，速來會，拒倭保民，責吾任之，印，吾不受。』

六

台灣僞督樺山資紀移書永福，勸來降，永福覆書，曉以大義，嚴拒之，同時派員內渡，謁總督譚鍾麟、劉坤一、張之洞、欲得援，與日決死戰，然時勢無可爲，終無以應之者，粮盡援絕，俯仰無措，知不免，顧不顧死於倭手，乃痛哭乘英艦，渡海歸，逕抵欽州。

明年，譚鍾麟令於南寧募舊部，得兵四營，仍號黑旗軍，後以病發解職，歸隱鄉曲，輒扶杖遊山麓水涯間，與漁樵談往事，髮上指，聲震林谷，泣下數行，聞者咸爲動容。

宣統改元，清政日益窳敗，民族革命之呼聲，瀰漫全國，迨武昌首義，清室以傾。胡漢民爲民國元年廣東大都督，以永福爲民族英雄，遣使徵之出，迫而一見。永福曰：『我今年紀比壯歲不同，且部下少在左右，焉能担承如許重任？』漢民曰：『老先生無論如何，總要幫忙才是。』談甚久，辭出。

七

次日，都督公署，遞到公文，任爲廣東省民團總長，所有此次光復各民軍統領，悉歸其節制。十月三十日啓印任事，並發通告，昭示軍民，愛國愛民之熱忱，溢於言表，茲摘錄一二，其文曰：『⋯⋯⋯吾粤東接閩，西連桂，北枕五嶺，南濱大洋，風俗語言嗜好與中原異，固天然獨立國也。……所以謀善後者，何止萬端，而亟爲治標之策，莫如靖匪亂，籌軍餉，靖匪亂，則非鼓其忠義之氣，不足以奏功，籌軍餉，則非予以安樂之福，不足以集事，茲二策者，着手雖不同，收效實相倚，吾輩欲建偉業，博榮譽，必思所以饜人民希望太平之心，而後富者不惜其財，貧者不愛其力，舉而措之，易如反掌，辦理而善，則吾軍人應盡之責，不敢以爲功，辦理而不善，則吾軍人莫大之羞，宜引以爲罪。今日何日？今時何時？危急存亡，千鈞一髮，此烈士殉名，英雄報國，千載一時之機會也。……自維生平碌碌，惟推誠布公，愛國愛種，當艱難危險，歷萬刼而不少變，投身軍界以後，尤復嚴定紀律，與士卒誓死守。凡永福已往之歷史，皆注力於抵禦外侮，不敢稍與同類相殘，而積誠積愛，士卒用命，亦實有以左右而始終之。……』是時財政困難，民軍十餘萬，事務繁多，糾紛頻仍，終以無法維持，懇辭，逕返欽州，以老病，考終里第，年八十，大總統明令褒揚，並將生平事蹟，宣付國史館立傳。

永福天賦異資，智勇兼優，忠貞在抱，百折不撓，冒險出關，抗法禦日，功雖未竟，而勳威赫然，啓民族之思想，樹革命之先聲，誠軍人之楷模，蓋世之英雄也。

二四 馮子材

一

馮勇毅公，字粹亭，廣東欽州人，初從軍討粵寇，補千總，後改隸張國樑部，從克鎮江，丹陽，一日間，攻克敵堡壘七十處，國樑撫其背曰：『子勇！余愧弗如。』積功授副將，國樑歿，代領其軍，克復溧水，晉授總兵。

同治初，將三千人守鎮江，是時，江北諸將領，多置卡抽釐稅，以裕軍費，子材曰：『此何與武人事？』乃呈請曾國藩派員管理，守鎮六載，餉常絀，亦無怨言。待士卒恩威兼濟，士卒亦樂爲之用，故數載間，敵來攻者百餘次，而其堅不可拔。

二

事平，擢廣西提督，賞穿黃馬褂，光緒改元，調貴州提督，明年，稱疾歸里，，迨法越戰起，張樹聲遣使至欽州勸駕，而子材方著短衣，赤足携童子牧牛犢，使識其爲赫赫提督也。使者啓來意，婉言以却。時彭玉麐，張之洞，方總制粵東西軍務，會奏起子材募勇禦法，而之洞尤殷殷以禮召，子材以外侮方亟，上方意誠，乃起，整軍至鎭南關，就關之險要，跨東西兩嶺築長牆，合王孝祺，王德榜，蘇元春，陳嘉，諸軍堅守，敵聲言來攻，子材乃先發制人，分兵迂廻，乘其不備猛攻之，斬獲甚衆，敵益憤，分三路攻關，重砲機槍，連續猛擊，彈烟彌天，不辨旗幟，牆後營壘，多被轟燬，子材顧謂將士曰：『法軍如入關，吾何顏見粵民，而報國家，必死守北關。』敵攻益急，砲聲震山谷，彈積陣前厚寸許，與諸將迎頭痛擊之，敵軍稍却。

越日，敵復湧至，彈火益烈，子材督將士屹立，陣勢不稍動，遇有敗退者，皆手刃之。迨敵軍薄牆下，子材乃帕首，短衣草履，率大刀兵千人，一躍出牆外，厲聲呼殺！山岳震動，全軍皆感奮，齊湧出，肉搏突衝，縱横決盪，關外游勇，見老將軍猶如此，俱樂爲助戰，法之將士首落若墮果，遂大潰，乘勝逐北，克文淵，收諒山，分兵復松慶，長谷，子材之英勇，遂震動中外矣。

三

越南人民苦法軍之慘虐久矣，至是皆躍起，有力者糾衆樹馮軍旗幟以助戰，無力者亦簞食壺漿而勞師。故所經過之處，無不遮道歡呼，途為之塞，子材一一嘉勉而撫慰之，且毅然以保國疆，定越亂，抗敵國自任。於是派軍攻郎中，分兵規北寧。當是時，劉永福亦在他處敗法軍，法人乃大懼。然而，昏庸無能之清廷，竟與法議和，遽下罷戰詔。子材憤極，仍請戰，不報，乃率師返，去之日，越人啜泣送別，如喪考妣，子材亦揮淚不已。

既入關，至龍州，軍民拜迎者三十里，奉旨會辦廣西軍務，晋太子少保，授三等輕騎都尉，旋調雲南提督，稱病懇辭不准，又加尚書銜。維時，邊境盜賊如毛，此剿彼竄，亦時遁入越南，聯合越匪猖獗更甚。子材乃密檄副將劉玉成，吳天興，參將黃興仁，各率勁旅，分途剿辦，亦嘗親臨前線督師，未逾一年，而匪亂平矣。

四

惟越南土匪，依舊蠢起，越王咨乞廣西巡撫蘇鳳文代奏，請兵援剿，朝廷令子材率三十營，共、萬三千人，入越剿辦，遂由鎮南關進發，剿撫並用，所向無敵。正擬班師凱旋，而已撫之匪又復叛變，子材怒甚，乃再剿辦，始平。會值中日事起，奉旨率部至江南待命，未幾，和議成，返防，仍回本官。

越年，拳匪亂作，戕教士，毀使館，演成險惡之局勢，子材聞而慨嘆，乃疏陳願督師入衛，德宗雖嘉其忠勇，而格於時勢，不報。旋以老病解職歸故里。次年，廣西土匪蠢起，岑春煊奏請子材出治團防，方募練成軍，率二子前往，詎料中途遘病而歿，時年八十有六，謚勇毅，優卹。

五

子材軀幹不過中人，而朱顏鶴髮，健傑雖少壯弗若。性豪邁，重氣誼，大義當前，冒死不少怯。生平不解作欺人語，發軍餉，躬自監視，偶稍短，輒罪司軍餉者。治軍四十餘年，寒素如故，惟每念及舊長官張國樑，未嘗不淚涔涔下。中法之役，摧强敵，揚國光，實爲中西戰爭史上第一紀錄，倘使淸廷不下罷戰令，其成功不更巨歟？卒後，張之洞電兩廣岑督辦云：『粹亭軍門，戰績甚多，鎮南關，諒山，轉敗爲勝，以軍門爲首功，尤光史乘，其人忠貞無私，淸廉正直，無愧古來名將。』誠定評也。

二五 唐景崧

一

唐景崧，字維卿，廣西灌陽人，同治四年進士，選庶吉士，改吏部主事。光緒八年，法越事起，景崧慼越南事亟，憤然有請纓意，又以熟聞同鄉之黑旗將軍劉永福，已於越南建立戰功，屢挫法人，聲威卓著，以爲必可與約共圖大事，以安邊疆。乃奏陳籌護藩邦一摺，並自請投筆出關，以事前得相國李鴻藻向朝中疏解，故摺上，奉旨交雲貴總督岑毓英差序。

二

景崧襆被出京，先至廣東謁曾國荃，陳來意，國荃韙其言，資之入越。明年抵保勝，見劉永福，爲陳三策：『據保勝十洲，傳檄而定諸省，請命中國，假以名義，事成則王，此上策也。次則提全師擊河內，中國必助之，此中策也。若坐守保勝，事敗而投中國，策之下者也。』永福從中策，戰紙橋，大敗法軍。為作檄文布告內外，檄出，遠近爭響應，惟越王為法所脅，莫能自振。景崧乘間勸永福內附，曰：『子能存亡繼絕，即所以報故主，且越王已薨，嗣君無能，亦無背主嫌，某見時不可失，特來相助，捷速行事，不可失此良好機會。』永福曰：『忠臣事君，切忌欺偽，欺偽尚且不可，而況身受國恩，遂為此反逆篡位乎？』兩人意見，終不能諧。

三

清廷念景崧宣勞域外，賞四品銜乃再奏陳越事云：『越南半載內，三易國王，欲靖內亂，莫如遣師直入順化，扶翼其君，以定人心，若不為藩服計，不妨直取為我有，免為法人所奪，否則，首鼠兩端，未有不敗者也。』而越事益混亂，會張之洞命景崧入關，募勇編為四營，號景字軍，為規越軍之一。廷旨授景崧五品京卿。

遂率軍取道牧馬，行千餘里，再入越，既至挫敵，鐘英嘉其能，撥潘德繼滇軍屬之，勢益壯，而罷戰詔遽下。

論功，晉二品，除福建台灣道，旋授台灣布政使，又擢巡撫，遂以整吏治，飭軍備，爲當務之急。會中日釁啓，台灣局勢日益不寧，景崧部李文奎變作，欲殺景崧，景崧出而叱之，士卒不敢下手，文奎亦氣奪乞宥，仍命爲營官，使出駐基隆，此其寬大明智之處理，故能轉危爲安。

四

甲午戰敗後，議和成，割台灣及遼東半島畀日，清廷詔景崧內渡。而台灣之民主獨立運動，於是開始，清廷仍不卹其呼籲，命李經芳爲割台專使，舉數千里之土地，千百萬之人民，拱手而交與日人。台之名士丘逢甲，聞訊大哭曰：『台灣者，吾台之人所自有，何得任人私相授受？清廷雖棄我，我豈可復自棄耶？』乃倡自立之說，奔走呼號，全台皆應。其間忠義之士，尤慷慨激憤，力贊其議。乃共推逢甲起草憲法，立議會，改官制，舉總統，定台灣爲民主國。衆推以景崧爲總統，逢甲固知其不足有爲，然景崧負時望，爲台民所仰，劉永福雖善戰，但位不出景崧上，遂率紳民數萬詣撫署，上總統印綬。景崧朝服出，望闕九叩首謝罪，北面受印，大哭而入，並電中外，有遙奉清爲正朔，永作屏藩之語，副總統則屬逢甲。

五

先是，景崧與劉永福議防守，永福曰：『台北軍事建築不妥，士卒又多老弱，中丞辦理民政，日不暇給，而軍政事宜，千頭萬緒，如絲之亂，鄙意過來幫助，更改營盤，裁汰老兵，添補精壯，豈不兩有裨益？』景崧以永福英勇絕倫，勢大益難馭，況有越南舊嫌，遂婉却之曰：『老兄在台南，獨當一面，節制南方各軍，任便行事，已成專閫，且台南實爲扼要，非有威望大員，不足鎮懾，兄守台南，弟守台北，南北皆有備敵之應付，日軍豈無聞風不畏乎？』其實景崧文人，雖略知兵，終無大用，迨台北陷落，台南亦孤立難守矣。

六

日軍攻基隆甚急，景崧命將黃義德應戰，義德詭稱敵強不可當，且日軍懸賞六十萬購大總統頭，故退防。景崧聞言甚憤而不敢詰，是夜，義德軍果譁變，日軍乘之攻入台北，遂大亂，總統府火亦起，景崧懼，微服遁入英艦，逃歸廈門，立國為總統僅七日。

景崧志大才疏，防敵禦侮，不及永福遠甚，古所謂處士虛聲者也。倘能捐棄私怨，與永福，逢甲，整軍揚武，和衷共濟，台灣未必儘亡，即亡，亦未必若是之速。國必自伐，而後人伐之，前事不忘。後事之師，今之執政者，其宜鑑焉。

二六　端方

端方，字午橋，別字匋齋，滿洲白旗人，滿人中之傑出者也。光緒壬午舉人，入貲爲員外郎，旋授郎中，出爲直隸霸昌道，累遷陝西按察使，布政使，湖北巡撫，湖廣總督，又調兩江。越年，召見，擢閩浙總督，未之官，奉旨赴東西各國，考察憲政，歸國後，著『歐美憲政要義。』議行立憲者，自此始。

未幾，仍授兩江總督，於是設學堂，辦警察，造兵艦，練陸軍，選派學生赴歐美留學，定長江巡緝章程，凡關維新政務，無不併力以赴之。宣統改元，調督直隸，隆裕太后奉安，午橋乘輿，橫越御神道，又嘗沿途拍照，御史參劾其不敬，罷官。後起用，以侍郎候補，督辦川粵漢鐵路。八月武昌首義，彼方進駐資州，而所部軍官劉怡鳳已受黨人策動反正，率衆入室，語不遜，以不屈遇害。

二

午橋督兩江時，對六朝風月，素感興趣，每對幕客歎息，以無艷福飲秦淮花酒爲憾。新建程樂安部郎進曰：『曾九帥已有先例，何不可爲？』乃命舟復成橋下，橋據秦淮上游，停舫宴敘之所也。遂盡召各候補道及武官所暱妓，與遊，午橋顧謂之曰：『姘候補道不爲佳，即養候補道，亦不爲佳。能姘總督始爲佳也。』平時每聞屬員稱候補道，輒不悅曰：『誰有錢，亦卽候補道也。』其最惡作劇者，爲檄委江蘇候補道包發鸞爲巡警局文案，必欲其申報到差，而後可以辭職，不知何故最憎候補道，其與左文襄一見進士出身，必揶揄一番以爲快者，有同癖也。

王湘綺之周媽，風流艷跡，人所樂道，當午橋撫鄂時，正周媽之盛年，一見之下，卽贈湘綺聯云：『明月應同古玉寶，美人可作妙文看。』

午橋性通和，不拘細節，篤好金石書畫，收藏甚富，尤有政治才，在滿人中，尙不多見者。好客，建節江鄂時，宴集無虛日，一時文士薈萃，殆有畢秋帆，張南皮之遺風歟？

二七　李慈銘

一

李慈銘，初名模，字式侯，後改名慈銘，字悉伯，又號蓴客，浙江會稽人。五試春官，不第，光緒六年始通籍，終以越縵堂詩文集名於天下也。

蓴客性善罵，氣量特狹隘，而秉賦絕敏，於書無所不窺。嘗訂七例自勉：一曰不答外官，二曰不交翰林，三曰不禮名士，四曰不齒富人，五曰不認天下同年，六曰不拜房荐科舉之師，七曰不與婚壽慶賀。皆所以矯世俗之枉，救末流之失，而褊急過甚，不免爲世所嫉。

二

越縵堂日記有云：『道咸名士，病在讀襍書而喜大言。同光名士，病在不讀書而好妄言。』其對同時名流，莫不極口漫罵，不留餘地。周星譽者，時之詞人也，彼詆為險譎，詞無可取。趙之謙者，同郡之孝廉，擅書畫金石，彼斥為惡客，妄子，且曰：『天水妄人，不通一字，而好為大言，安得賢京兆，以大杖撲殺之。』何紹基編修，名動公卿，曾國藩所器重也，彼詆為：『不學而狂，徒以善書，傾動世人，敢為大言，高自標置，中實柔媚，逢迎貴要，以取多金，蓋江湖招搖之士。……予嘗疾之。以為此亦國家蠹亂之所由生也。』王壬秋者，當代之文宗，彼曰：『此人盛竊時譽，妄肆激揚，好持短長，雖較趙之謙稍知讀書。詩文亦較通順，而大言詭行，輕險自炫，古人糟魄，尚未盡得，蓋一江湖屑吻之士。』其平時持論苛刻，往往如此。

三

蓴客古文詞，喜夾襍八字駢語，頗類「陽湖派」。詩則以清新俊逸為主，於同時詩人，少所許可，獨稱清初王漁洋能盡雅，雅者，正也，欲藉以抗江西之魔力，一時名人，若陶了綎，王可莊，樊樊山，皆遊其門，執業稱弟子。同時，張之洞，以名督部領袖騷壇，而蓴客獨與抗顏，然之洞月旦當代詩人，嘗曰：『李蓴客之明秀，王壬秋之幽奥，一時無兩。』蓴客聞而不悅曰：『孝達以予比王壬秋，則予之詩，亦可知矣，然予之詩，豈明秀足以盡之耶？』

四

舉世以蓴客爲狂生，獨翁同龢雅重其才學。光緒六年會試。同龢任總裁，得卷大喜，欲中高魁，而以景書取本房一卷，乃改置，相傳，蓴客謁見時，同龢倒屣以迎，且曰：『以名位言，老夫當抗顏稱師，以學論，吾當北面而拜也。』嗣後蓴客憔悴京華，亦賴同龢保荐，始任御史，故越縵堂日記，對同龢頗有知己之感。

蓴客卒於甲午，年六十有六，遺著十三經古今文義彙正，後漢書集解，越縵讀書錄，詩文集等，一百餘卷，越縵堂日記五十一卷，又日記補十三卷，此最爲學術界所推重也。

蕁客六十一歲小像自贊云：『是翁也，無團團之面，乏姁姁之容，形骸落落兮，謹畏緺緺，須眉悵惘兮，天懷暢通，故其貌谿刻兮，而心猶五尺之童，其言謇吶兮，而辯爲一世之雄，不知者以爲法官之裔，如削瓜而少和氣兮，其知者以爲柱下之胄，能守雌而以無欲爲宗，嗚呼！儒林耶！文苑耶？聽後世之我同，獨行耶，隱逸耶，止足耶？是三者，吾能信之我躬。』

二八　洪鈞附傳彩雲

一

洪鈞，字文卿，江蘇吳縣人，少穎慧，俊雅絕倫。同治七年，狀元。授翰林院修撰，出督湖北學政，歷典陝西，山東鄉試，旋遷侍讀。光緒七年，授內閣學士，因母老，乞終養，嗣丁憂，服除起故官，出使英、俄、德、奧、比、五國大臣，晉兵部左侍郎。

二

初，喀什噶爾續勘西邊界約，中國圖學不精，無善本可依，文卿蒞俄，以俄人所訂中俄界圖紅線，均與界約符，乃譯成漢字，以備不時之需，攜之歸，命值總理各國事務衙門。會值帕米爾爭界事起，大理寺少卿延茂以文卿所譯地圖畫蘇滿諸卡置界外，以致邊爭日棘，疏陳痛劾之，廷旨下總署察覆，同列諸臣，以文卿所譯圖本，爲備考覈，非以爲佐證，且非專爲中俄交涉而設，安得歸咎於此圖，事乃大白。然而，言官議論紛紜，仍主力求精確，文卿乃具疏論列，詳加說明，終謂必俟俄國退兵，始可議界，當更與疆臣合力經營，爭得一分，卽獲一分之益，上皆嘉納之。

三

文卿嗜學，通經史，於元史用力極深，所撰元史釋文證補，取材域外，爲時論所重。其與傅彩雲風流艷跡，尤爲世人所樂道焉。

傅彩雲，蘇州之名妓，艷聲噪一時，文卿見而悅之，以重金置爲簉室。持節使英，鴛鴦並載。時，英女王。年垂八十，雄長歐洲，而彩雲出入椒廷，獨與抗禮。嘗並坐照像，時人以爲榮。歸後居京邸，俄而，文卿物化，彩雲亦別抱琵琶，居無何，仍返上海，爲賣笑計，改名賽金花，未幾，蒞津門，仍操皮肉業，雖年已三十，而風韻猶存。

四

庚子再入都，會八國聯軍陷北京，統帥為德國瓦德西，則彩雲隨文卿使德時舊相識也。至是重逢續歡，同棲儀鸞殿，朝雲暮雨，繾綣日深。其時聯軍入京搶掠甚酷，清廷留守諸大臣，結舌莫之誰何。而彩雲訴於瓦德西，止其淫亂，且凡關聯軍欲使中國過於難堪者，彩雲亦必力爭之。樊樊山彩雲曲有云：『彩雲一點菩提心，操縱夷獠在纖手。』即指此也。

未幾，儀鸞殿夜半火起，瓦德西抱彩雲裸體破窗逃。故後彩雲曲有云：『誰知九廟神靈怒，夜半瑤台生紫霧。此時錦帳雙鴛鴦，皓體驚起無襦褲。』刻畫極為艷膩，不圖，朝局之斡旋，民生之利賴，不在諸公之袞袞，而繫一女之纖纖，豈可以其為娼，而掩其志氣哉？

余之同學友王某，色徒也，震彩雲之艷名，嘗腰纏二千金，獨往北平，欲鏖兵赤壁，與此情場老門士，大戰三百回合，以壯平生。既見，則雞皮鶴髮，耳重聽，而目已瞶，極厭之，留二十金爲贈，掃興而返，吾嘗戲之曰，君豈過屠門而大嚼耶？

二九 張佩綸

一

豐潤張幼樵，同治十年成進士，以左庶子，署左副督御史，旋遷翰林院侍讀學士。慷慨好論天下事，與張之洞最契，時人以爲清流。惟翁同龢甚惡之。適值中法戰將起，同龢奏派幼樵督師福建，卽藉端以逐之也。幼樵書生，雖好言兵，而無實畧，一與法戰，卽敗績，論罪革職，李鴻章愛其才，延之入幕，司文書，舉凡新政擘畫，悉經幼樵手，因得出入簽押房無忌。

二

一日，鴻章偶感冒，臥內室，召幼樵入面事，瞥見案頭有詩稿，字頗娟秀，係詠馬江戰役，於幼樵多怨詞，詩云：『基隆南望淚潸潸，聞道元戎匹馬還，一戰豈宜輕大計，四邊從此失天關。焚車我自寬房琯，乘障誰教使狄山？宵旰甘泉猶望捷，羣公何以慰龍顏。』其二云：『痛哭陳詞動聖明，長孺長揖傲公卿，論才宰相籠中物，殺敵書生紙上兵，宣室不妨虛賈席，玉階何事請終纓？豸冠寂寞丹衢靜，功罪千秋付史評。』乃大感泣！合肥睹狀詰其故？幼樵持詩稿，問何人所作？合肥笑曰：『小女初學韻，君其謂何？』對曰：『不獨句佳，識解亦高，門生知己也。』曰：『小女年逾二十，尚未議婚，君其爲我留意擇壻。』曰：『才學地位應如何？』曰：『似君足矣。』幼樵即前跪曰：『門生方喪偶，而女公子又文字知己，敢以婿請。』合肥偶發戲言，不圖幼樵竟出此，乃大窘，計無所出，允之耳。幼樵叩頭謝，出語相府人員曰：『相公婿我矣！』

夫人聞之大驚駭！責合肥曰：『相府擇婿，何求不得，乃下嫁此革職人耶？』夫婦遂爭嚷不休，女公子遽出勸母曰：『父擇婿，才學第一，革職何傷？且今之居高位，擁萬金者，類多行尸走肉也，女願從父命。』事乃定。

三

婚後，粧台畫眉，綺閣鬥韻，情好日篤，蓋文字知己，復經困阻而後成婚，故非尋常伉儷所能比擬者。惟合肥兩子，俱與幼樵不睦，輒欲設法逐幼樵出相府。時樊增祥過津門，嘗上張之洞書云：『受業過津，與豐潤傾談兩日，渠雖居甥館，迹近幽囚，且郎舅又不相和，不婚，猶可望合肥援手，今在避親之列，……絕可憐也！』未幾，合肥兩子，密託天津海關道，轉請御史端良劾幼樵，以其居北洋幕中，妄干公事為詞，幼樵不得已，攜眷移南京，買故靖逆侯張勇之邸為宅，易其名曰：『訓鷗園』。即前國民政府立法院所在地，南京市人所謂侯府是也。

四

甲午戰後，合肥奉旨為全權大臣，東渡議和，清廷追憶幼樵才幹，乃詔以翰林院編修佐辦和談，幼樵立刻具呈兩江總督劉坤一代奏委婉陳詞，請收回成命。迨甲日和議既成，合肥念及其婿，懷才未展，於保案中加其姓名，朝旨以四品京堂起用，亦婉辭不就。

張之洞繼督兩江，深知西太后憎惡幼樵，爲避免嫌疑計，曾派人向幼樵示意，願爲修理蘇州拙政園，請移家焉。幼樵怒曰：『我固被議之人，奈何南京亦不容我住？他不來看我，隨他！』之洞乃微服過訪，談往事，大哭而別。

越年，幼樵物化，之洞又過其園，即園中六朝松賦詩云：『憑誰江國伴潛夫，對舞髯龍入畫圖，憐汝支離經六代，此心應爲主人枯。』悼舊情深，溢於言表，『一生一死，交情乃見。』非今日功利之徒，所能瞭解也。

五

幼樵命途多舛，坎坷以歿，而其學問淵博，實足與之洞並駕。其奏議中有劾王文韶一摺，凡三上，西后不爲所動，最後以示文韶，文韶自請罷免。迨其繼督直隸，見文卷中有幼樵手稿，自嘆愧對不已。

幼樵本有書癖，避地南京後，得夫人奩金，購買更富，舉凡宋元善本，幾無不備。畢生致力管子，擅奏議，文詞卓犖，怪峭盡致，最長痛揭官吏情弊，使其生今日，對于十官九貪之怪現象，不知作何語，彼不惟工奏議，即小簡短文，亦復不苟，字宗山谷，饒有風致。武進惲文簡公得其手帖，輒翻印以訓子孫，其見重時人如此。

三十一　張之洞

張文襄公，字孝達，一字香濤，又號壺公，河北南皮人，生於道光十七年八月初三日。

南皮幼穎慧，有神童之譽，九歲畢四書五經，篝燈思索，每至夜分，倦則伏案睡，既醒復思，必得其解而後已。其後服官治文書，亦往往達旦，自言乃幼時好夜坐讀書所致。十四歲應童子試，成秀才，十六歲北闈舉人第一名，即解元也。二十六歲入都會試中探花。廷試對策，指陳時政，不襲故常，洋洋數千言，識者以擬蘇東坡。先是，同考官范鶴生得卷，亟荐，擬大魁，以額溢被擯，鶴生爲之竟夕永嘆。翁同龢日記云：『見范鶴生處一卷，沉博絕麗，繁徵博引，其文眞漢史之遺，余決爲張香濤，竟未獲雋，令人扼腕！』

二

迨授翰林院編修，應散館考試，列一等第一名。奉旨充浙江鄉試副考官，出闈返京，簡放湖北學政。奏報到任疏云：『學政一官，不僅在衡校一日之短長，而在培養平日之根柢，不僅以提倡文學爲事，而當以砥礪名節爲先。』又榜試院楹聯云：『剔弊何足爲難，爲國家培養人才，方名稱職；衡文只是一節，願諸生步趨賢聖，不僅登科。』

三

未幾，奉旨授翰林院侍讀學士，奏陳修政弭災，以去僉壬，廣言路，飭武備，嚴禁衛，爲當務之急。旋授山西巡撫，接任，卽以清明强毅四字，樹立政風。兩年間，與利除弊，百廢俱與。又奉旨授兩廣總督，兼任巡撫，乃修砲台，嚴防務，創設水師學堂，廣雅書院，所費浩繁，概不之計也。在粵甚久，遺愛頗多。嗣任湖廣總督，於是籌設織布廠，鑄錢局，籌築鐵路，獎勵蠶桑，開礦煉鐵，開辦萍鄉煤礦，選派留學生，選派學生赴比國煉鋼廠學習，設譯書局，設兩湖書院，皆以造就通才，博約兼資，文行並重，爲乾嘉以後漢宋學派之結局，斟酌於書院之間，中學爲體，西學爲用，以開後來學校之先聲。大刀濶斧，氣象萬千，湖廣風氣爲之一變。

惟性好讀書，雖日理萬幾，仍手不釋卷，是以，神勞苦思，無日不在荊天棘地之中，且其所與辦之事，多非朝廷所欲辦之事，所用之錢，亦非本省固有之錢，所用之人，又非心悅信服之人，只因求治心切，一往無前，本諸中庸『勉強而行』四字，併力以赴之。

四

南皮以公忠體國之精神，負富國强兵之大任，朝野共諒，中外交稱，然而，毀之者，亦復不少。故大理寺卿徐致祥嘗上疏以劾之曰：『……與居無節，號令不時，恣意揮霍，雖未必入己，而取之盡錙銖，用之如泥沙，臣覩該督生平，謀國似忠，任事似勇，秉性似剛，運籌似遠，實則志大而言誇，力小而任重，色厲而內荏，有初而鮮終。徒博虛名，無裨實際，殆如晉之殷浩，而其堅僻自是，措置紛更，又如宋之王安石，此人外不宜於封疆，內不宜於政地，惟衡文較藝，談經徵典，是其所長，……』奏上，詔令總督劉坤一，李瀚章確查具奏。坤一、瀚章以之洞當多事之秋，併力支持，日不暇給，譽之者，則曰夙夜在公，毀之者，則曰興居無節，號令不時，惟既未誤公，此等小節，無足深論，且開礦、設廠、本係仿效西法，事屬創舉，工作既未熟諳，用款不無稍費。至其他被參各款，均係傳聞失實。覆奏上，事乃寢。

五

迨兩江總督出缺，奉旨調署兩江，兼署江寧將軍，及南洋通商事務，兩淮鹽政，湖北煉鐵，織布各局，仍着遙領，重任繁責，集於一身。及聞旅順孤危，外兵分擾金州，大連、乃疏陳國內外軍事應備之策，一年之間，籌防迄於善後，無一日休息。而鑄造局、印書局等，亦先後成立，並設江楚編譯局於江寧。逾年，仍着回湖廣總督本任。除夕三鼓，猶在幕府治事，元旦，亦在署竟日，其用心之專，治事之勤，數十年如一日。

六

庚子，唐才常之獄，黨羽甚衆，在上海立會，曰國會，參加者多縉紳子弟，及一時奇俊之人才，而出洋學生列名黨籍者亦衆，南皮閱竟，喟然而嘆，謂青年見解，涉及偏宕，繩之以法，終當濟之以寬，除主要人梟首外，僅死二百餘人，不忍株連窮治，乃撰文曉之，刊送各省，廣爲勸戒，相傳黨籍名冊，亦密付一炬矣。

朝儀變法之始，巡撫陳寶箴疏奏曰：『變法事體重大，必得通識老誠重望，更事多而慮深者，始足參決機要，宏濟艱難。湖廣總督張之洞，忠誠識略，久爲聖明所洞見，其於中外古今利病得失，講求至爲精審，請特召入都贊助新政。道員易順鼎，於召見時，亦奏言張之洞學問幹濟公忠，當代第一，請召入備顧問，慈禧皇太后甚悅，亦稱南皮爲人正派，但恐事繁不能離鄂耳。

七

日本伊藤博文遊歷至北京，嘗爲人言：『中國變法不從遠大始，內亂外患將至，中國辦事大臣，惟張香帥一人耳。』大學士李鴻章，有意奏請南皮入參樞密，然樞臣亦有尼之者。南皮致電自述病狀，謂精神不支，性情不宜，而江湖伏莽，隨時竊發，此時不宜離鄂。

未幾，拳匪亂作，八國聯軍陷北京，兩宮西幸，而南皮已先與劉坤一等與外國商定互保協約，故東南各省安謐如常，迨兩宮回鑾，加太子太保。南皮乃斟酌時勢，疏陳變法十二條，旋內調擢協辦大學士，體仁閣大學士，軍機大臣，兼管學部。奉旨釐定學堂章程，即以端正趨向，造就通才，忠孝爲敷教之本，禮法爲訓俗之方，練習技能，致用治生之具，愛衆親仁，恕己及物，希賢慕善，迄於成才，爲立教之大本，申其要義，以爲强生於力，力生於知，知生於學。其所擬章程，名似取法泰西，實則復三代以前之教法，文武合一之道，不僅有益於當時而已。

八

南皮斯時，身居廟堂，而心繫乎江漢，深慼老輩凋零，風雅歇絕，守舊者，率鄙陋閉塞。言新者，又多後進淺躁之徒，可與論者殆少。感慨之餘，屢形諸吟詠。一日無聊，約賓客數人往遊慈仁寺及西山，都人士聚觀此名滿天下之老相爺，途爲之塞。其西山一首云：『西山佳氣自葱葱，聞見心情百不同，花院無從尋道士，都人何用看衰翁。』感慨抱負，非前度劉郎之比也。

逾年，仍返湖廣本任，兼任湖北巡撫，籌設兩湖勸業場，增廣各級學堂。旋又奉詔入都，寓畿輔先哲祠，時袁世凱方爲北洋大臣，凡外省來客謁世凱者，必問曰：『謁張中堂否?』對曰：『未見公，不敢往』。世凱怡然，且曰：『昨見中堂門簿，猶無爾名也。』其慮之深，權詐爲謀，即此小節，已可概見。

九

宣統元年，南皮年七十三，精力已衰，乃疏陳乞假，畧謂：『平生以不樹黨援，不植生產自勵，他無所戀，惟時局艱虞，民窮財盡，伏願皇上親師典學，發憤日新，所有因革損益之端，務審先後緩急之序，滿漢視爲一體，內外必須兼籌，理財以養民爲本，敎戰以明恥爲先，至用人養才，尤爲國家根本至計。旋以病篤，疏陳開去軍機大臣，大學士本缺，及所兼各項差使。監國攝政王親臨視疾，慰之曰：『中堂公忠體國，好好保養。』南皮曰：『公忠體國，所不敢當，廉正無私，不敢不勉。』又進諸子，戒以必明君子小人義利之辨，已而嘆曰：『吾生平學術，治術，所行者，十之四五，心術則大中至正。』語畢，乃整衣袴，索紙拭鬚髯，復嘆曰：『國運盡矣！』目忽上視，而薨，一代儒臣，身繫朝局疆寄之重者四十年，竟與世長辭矣。

十

南皮科名甚早，初入仕，兩年而躋二品，終至封疆重寄，參贊樞密，書生之榮極矣。其爲人短身，巨髯，風儀峻整，蒞官所至，必有興作，規模宏大，不問耗費之多寡。而一生趣事可紀者亦甚多，當其十六歲中解元後，大宴賓客，自撰一聯，懸諸中庭，聯云：『上巳之前，猶是夫人自稱曰；中秋而後，居然君子不以言。』蓋歇後語，小童領舉人也，妙在不出四書，構思之巧，眞有令人不可思議者也。

相傳南皮爲猿猴轉世，觀其遺像，亦疑近猿形，性淫甚，蓄姬妾甚多。日間亦輒令將紙筆墨硯，移置某姨太房內做文章，其實爲狎玩耳。據其自爲人言，性交後，文思潮湧，可以一揮而就，故姬妾間資爲笑謔，每相問曰：『中堂在你房內做了多少文章？』

湘潭王闓運壬秋，以文章鳴於時，南皮亦雅視之，嘗在陶然亭讌談，指『陶然亭』三字命對，壬秋略不思索曰：『張之洞』。又遙望開溝者，即以『開臭溝』命對，又應聲曰：『張香濤』。南皮不以爲侮，相與大笑不已。

十一

合肥李鴻章與南皮不甚融洽，庚子年，東南互保時，合肥居京當外交之衝，日與德將瓦特西周旋，南皮貽書譏之，合肥語人曰：『香濤做官數十年，猶是書生之見也。』語聞於南皮，乃忿然曰：『少荃議和兩三次，乃以前輩自居乎？』時人以爲天然無縫之聯。

清末，南皮與袁世凱同爲南北洋大臣，南皮資深望重，遠在其上，但北洋例居首席，故南皮輒以輕慢遇世凱。徐又錚視昔軒遺稿，畧云：嘗親見張袁會晤之盛況，壬寅之春，南皮過保定，世凱時總督直隸，設宴待張，徐亦陪席，世凱率文武官吏以百數，飭儀肅對，萬態竦然，滿座屏息，無敢稍懈，而南皮則欹案垂首，若寐若寤，偶與座中藩台楊士驤談詞林往事，因楊亦翰林出身，而視世凱若無覩者，既而語左右曰：『不意袁慰亭總督任內藩台能有楊某其人者。』

宣統改元，攝政王載灃臨朝時，宣布過去帝后不和，國政失調，均因袁世凱構陷離間所致，應處以極刑。時諸王大臣均默無敢言，獨南皮則侃侃直陳，謂世凱無能離間，且彼今負練兵重責，輦轂重地，亦其勢力所在，倘處置稍一不得當，轉非國家之福，攝政王愕然不語，遂有袁世凱削職回籍之事。南皮不念舊嫌，以諍言而解其危，宅心固善。然而，洪憲之亂，遺中國無窮之禍者，豈其始料所及哉？

三一 袁昶附許景澄

一

袁忠節公，字爽秋，浙江桐廬人。博通掌故，爲學平實中正，光緒間進士，擢總理各國事務衙門章京，旋授陜西按察使，未到任，改晋江寧布政使，又遷直隸，未幾，內調，以三品京堂光祿寺卿任用，又轉太常寺卿。

爽秋幼貧，幾無以爲生，後遊學杭州，薛慰農院長，一見奇其才，妻以兄子，贅于薛氏，平時居書院，刻苦攻讀，無閒寒暑。

二

庚子之亂，朝野士大夫，義憤塡膺，輒思助義和團以求一逞，而所謂元老重臣者，又多昏庸頑固之徒，不明世界趨勢，亘陰與拳匪通聲息，慈禧太后信而不疑。

獨爽秋與侍郎許景澄，堅持不可，嘗三上諫章，力言奸民不可縱，外國使臣、教士不可殺，使館宜保護，此國際公法所載也。並痛詆執政大臣，釀亂禍國。當諫章初上時，景澄謂爽秋曰：『章上必死，公意如何？』爽秋朗誦李羣玉詩曰：『萬木自凋山不動，百川皆旱海長深。』景澄意乃決。

當時，拳匪蠭起，外兵紛至，南中各督撫，徘徊觀望，並與外使簽訂東南互保之約，獨直隸提督聶玉成，力任拒敵剿匪之任。廷議紛紜，莫衷一是，而爽秋、景澄，每于廷對時，慷慨陳詞，泣請皇上，乾綱獨斷，不可聽信妄言，與列國起釁，致犯大臣端剛等之忌，目為洋黨。迨李秉衡參奏一上，即於庚子七月初三日斬於菜市口。

三

監斬官為大學士徐桐之子承煜，因見二公尙衣冠齊楚，叱左右為脫去，景澄曰：『某等雖奉旨處斬，然未奉旨革職，照例當穿戴衣冠。』爽秋曰：『吾二人死固不足惜，然究犯何罪，而罹此大辟？』承煜叱之曰：『此非爾等分辨之地，尙敢嘵嘵耶？』爽秋曰：『吾二人雖死，留得淸名於後世，史家自有公論，但洋兵一到，恐爾父子亦萬無生理，吾當候爾等於地下也。』於是二公從容就刑。未幾，聯軍陷京，徐桐自縊，承煜亦斬於市。迨宣統改元，始昭爽秋景澄之寃，賜䘏，追謚。

聿稽往史，凡國家將亡，則必賢人在野，僉壬擅權，派系傾軋，綱紀掃地，以至亡國而後已，漢之黨錮，唐之淸流，明之東林，同受厄運，又豈僅袁許二公而已哉！

三二　翁同龢

翁文恭公，字叔平，晚號松禪，一署瓶廬居士，江蘇常熟人，大學士心存之子。咸豐六年一甲一名進士，即狀元也。授修撰，典試陝甘，旋授陝西學政。父憂歸，服除，命在弘德殿行走。五日一進講於簾前，爲說「治平寶鑑」，兩宮皇太后嘉之，累遷內閣學士。

同龢居講席，每以憂勤惕厲，啓沃聖心。當武英殿之災也，恭錄康熙、嘉慶，兩次遇災修省聖訓，並奏陳變不虛生，遇災而懼，宜停不急之費，開直臣忠諫之路，杜小人倖進之門，上覽奏動容。

先是，穆宗自幼穎悟，有成人之度，惟久居深宮，受制母后，又無適當之教育，故一旦親政，遂了無顧忌，爲所欲爲，更復秉承慈意，重修圓明園，以娛母后之心。惟浩劫以後，大興土木，自爲國家財力所不能及，是以羣臣諫阻，帝俱不納。同龢乃從容面陳，以中外人心惶惑，並引江南民間所傳，一一詳陳之，帝遽頷之，且曰：『待十年或二十年，四海平定，庫項充裕，園工可許再舉乎？』諸王大臣皆對曰：『如天之福，彼時必當興建。』遂定停止園工，改修三海而退。尋下罷浮費，求直言詔，同龢之力也。

二

光緒元年，授同龢刑部右侍郎，明年四月，上典毓慶宮，命授讀，再辭不充，旋遷戶部尙書，充經筵講官，晉部察院左都御史，刑部尙書，軍機大臣，加太子太保，賜雙眼花翎。十年，法越事起，同龢主一面進兵，一面與議，庶有所備。又言劉永福一人不足恃，非增重兵出關不足應變。

德宗親政後，每事必問同龢，眷倚最篤。時日韓釁起，同龢與李鴻藻主戰，孫毓汶、徐用儀主和，會前敵海陸軍已敗，上問諸臣，時事至此，和戰皆無可恃，言及宗社，聲淚並發。及和議起，同龢力爭改約稿，並陳寧增賠欵，不可割地，上亦曰：『台灣去，人心皆去，朕何以為天下主？』然而，軍事敗績，大勢終不可挽，割地賠欵之約遂定。明年，授同龢兼總理各國事務大臣，旋以戶部尚書，協辦大學士，主張雖失敗，而恩眷猶未稍減。二十四年，德宗屢覽工部主事康有為變法及著書進呈之摺，恍然於變法之條理次序，乃破格召見，議行新政。有為卽慷慨痛陳時弊，上皆一一嘉納之。

三

同龢居師傅之尊，言聽計從，亦極贊助有為之主張。時頑固派諸王大臣，側目於旁，而險狠之西后，又姤恨於內，於時，帝與同龢，則日謀維新，而西后與榮祿，則陰謀廢立之事，乃晴天霹靂，四月二十七日，西后忽將硃諭強迫德宗宣布，其諭曰：『協辦大學士兼戶部尚書翁同龢，近屢次經人參奏，且每於召對時，出言不遜，漸露攬權狂悖情狀，本當從重懲處，姑念在毓慶宮行走多年，不忍遽加嚴譴，著卽開缺回籍，以示保全，欽此。』德宗見詔，戰慄色變，無可如何，同龢一去，股肱頓失矣。及其出京，榮祿贈以千金，且執其手，嗚咽而泣，問何故開罪於皇上？口蜜腹劍，其伎倆眞可畏也。

四

西后既放逐同龢，遂作一網打盡之計劃，而八月之政變突起，康有爲、梁啓超，倉皇潛逃，譚嗣同等六臣，斬首菜市口，德宗幽禁，西后又復訓政。下詔兩江總督命殺同龢，經大學士王文韶長跪哭求，榮祿亦曰：『本朝尙沒殺過師傅。』乃止，改下硃諭曰：『翁同龢授讀以來，輔導無方，往往巧藉事端，刺探朕意，至甲午年中東之役，信口侈陳，任意慫恿，辦理諸務，種種乖謬，以致不可收拾，今春力陳變法，濫保非人，罪無可逭，事後追維，深堪痛恨，前令其開缺回籍，實不足以蔽辜，翁同龢着革職永不敘用，交地方官嚴加管束。』同龢不死，間不容髮矣。

五

自此，以孤臣之身，蜷伏故里，惟每日必詣衙門，簽名報到，以符地方官管束之旨，一日偶出遊，遇一老僧，呼老太爺曰：『爾年不過六歲餘耳。爾功名中人也。』同龢訶之，一笑而已。不圖六年後，果以光緒三十年卒於家，年七十有五。卒前，貽家人詩云：『六十年間事，凄涼到蓋棺，不將兩行淚，輕向爾曹彈。』又遺摺畧曰：『……伏念負疚如臣，固已言無足取，不敢復有所陳述，第思隆恩未答，盛世長辭，感悚之餘，難安瞑目，所望勵精圖治，馴致富强，四海蒼生，詠歌聖德，臣雖死之日，猶生之年，謹口授遺疏，不勝嗚咽依戀之至……』迨宣統元年，詔復原官，追謚文恭。惟一生無子女，據言一嗅女人氣味，便要作嘔，而夫妻情愛甚篤，同偕白首，抑亦奇事？

同龢當同光兩朝，位居樞要，尊爲師保。居恆宏獎人才，虛心禮士，維時强敵憑陵，國勢寖弱，變法維新，新舊交鬨。以一身搘柱其間，而卒不能免，幾獲不測，遂抑鬱以終，而國是亦不可爲矣。遺著瓶廬詩稿八卷，文稿二十六卷，至其書法，自成一家，尤爲世人所重，乃其餘事。一代純臣，江左之巨擘也。

三二 陳寶箴附子三立

一

陳寶箴，字右銘，江西義寧人，辛亥舉人，少負志節，詩文皆有法度。嘗爲曾國藩所器重，從父偉琳治鄉團禦寇，著功效。已而，走湖南，參易佩紳戎幕，又爲江西席寶田籌畫防寇之策，以功保知府，旋授河北道，創設「致用精舍」，招致學子，延名師敎之，學風爲之一變。

二

未幾，授按察使，又調直隸市政使，奉詔引見，入對稱旨。見上形容憔悴，奏請讀聖祖御纂周易，以期變不失常，上以爲忠，命治稽台，並准專摺奏事，迨馬關和約成，痛哭而言曰：『國殆不國矣！』

明年，大學士榮祿奏荐，擢湖南巡撫，湖南固閭塞，寶箴思以一隅致富强爲東南倡，先後創設電信，置小輪，開槍彈廠，保衞局，南學會，並設時務學堂，延新會舉人梁啓超主講，而湘之志士，譚嗣同、唐才常、熊希齡等，亦皆贊助之。又奏陳練兵、籌欵、開風氣、正學術，德宗一一嘉納之。

三

是時，張之洞爲湖廣總督，名高位顯，司道以下，咸屏息以伺，獨寶箴輒與爭論得失，而無私見，之洞雖不懌，但亦無可如何耳。久之，深相契得，凡條陳新政，往往會銜以進。又嘗疏荐譚嗣同、劉光第，楊銳、林旭、佐新政。迨戊戌政變，褫官永不叙用。其子三立，亦革職，寶箴所經營於地方者，雖著成效，一律廢毀，人亡政息，大可惜哉？

四

三立，字伯嚴，別號散原，丙戌進士，授職吏部主事，寶箴撫湘，三立從之，對於啓發民智，鼓勵民氣，羅致地方英才，尤不遺餘力。與湖北巡撫譚繼詢之子嗣同，福建巡撫丁日昌之子惠康，提督吳長慶之子保初齊名，天下稱四公子。而湖南氣象蓬勃，新政著效，實出其所贊畫。迨夫政變，同遭罷黜。自是肆力於詩，陶寫性情，呼之欲出，賦遣興一律云：『而我於今轉脫然，埋愁無地訴無天，昏昏一夢更何事？落落相看有數賢。懶訪溪山開畫軸，偶耽醉飽放歌船，詩聲尚與吟蟲答，老子頑痴亦可憐！』

晚年，築室金陵，署曰散原精舍。窮理格物，益注力於實驗精神，作詩不喜用新異語，而眞氣磅礴，不加雕飾，沈憂積毀中，吐屬仍能閒適，雖宗山谷，實則承少陵之心脉。論者謂與印度泰戈爾稱東方兩詩聖。自宋以下，罕見其倫匹也。

三四 黃遵憲

一

黃遵憲，字公度，廣東梅縣人，以舉人入貲爲道員。讀書有精識遠見，不囿於古，不徇於今，自成一家之言，以醫時敝。嘗隨使日本，充參贊，時日方維新，國勢驟强，我國人尙懵然不知日本之可畏，公度則悉心研求其所以致强之道，著日本國志四十卷，冀爲中國之借鏡。且嘗言曰：『日本維新之效成，將霸，而首先當其衝者爲吾中國。』及後，其言果驗，以是人皆服其先見。

二

甲午喪師以後，淸廷明詔天下，改變百度，各省大吏奉行最力者，惟湖南巡撫陳寶箴，而相與助其成者，其子三立及黃公度也。公度倡民治，有曰：『自治其身，自治其鄉，由一鄉推之一縣、一府、一省、以迄全國，可以成共和之郅治，臻大同之盛軌。……』循斯以行，自可展布一切，以圖久遠，而戊戌變作，公度獲罪，清廷密諭交兩江總督看管，得日本伊籐博文爲緩頰，免難，褫職放歸。而天下事亦不可爲，一人之用舍，國家興亡之所關，其信然矣。

先是，公度嘗爲英之新加坡，美之舊金山總領事，竭銳殫精，實心任事，且於各國之情勢，洞幽察隱，故凡有所應付，莫不迎刃而解，自足以外交知名當世，曾奉旨爲使德大臣，德人憚之，卒尼其行，又爲使日本大臣，亦旋因政變而罷，遭際之艱，長才未展，竟以光緒三十一年二月二十三日，病歿於家。

三

公度嘗爲新會梁任公言：『四十以前所作詩，多隨手散佚，庚辛之交，隨使歐洲，憤時事之不可爲，感身世之不遇，乃始薈萃成篇，藉以自娛。』平生不以詩人自居，但以著日本襍事，敘述風土，紀載方言，錯綜事跡，感慨古今，皆以七言絕句出之，確具詩史之價値，不讓杜工部專美於前。其紀日本先烈史跡一首云：『石塔光明照夜燈，武尊宮闕鬱觚稜，至今洒淚吾孺語，携酒相尋白鳥陵。』其詩往往取於佛理，而參以科學名詞入句，獨闢境界，爲詩體一大解放，卓然自立。彼嘗言曰：『士生古人之後，古人之詩，號專門名家者，無慮百數十人家，欲棄古人之糟粕，而不爲古人所束縛，誠戛戛乎其難，雖然，僅嘗以爲詩之外有事，詩之中有人，今之無異於古，今之人亦何必與古人同。……』遺著人鏡廬詩草一卷，佳篇甚多，以此壽世，固非公度之志，抑亦中國之不幸也。

三五　譚嗣同 附康廣仁等

譚嗣同，字復生，又號壯飛，湖南瀏陽人，生於清同治四年二月，光緒二十四年戊戌政變，以八月十三日斬於市，爲中國憲法而流血者，其第一人也。

復生，湖北巡撫譚繼洵之子，幼失母，爲父妾所虐，故操心危而慮患深，智慧反因以日增，。五歲受書，即審四聲，十五爲詩文，斐然可觀。好任俠，喜劍術，悲歌慷慨，絕異尋常人。從同邑孝廉涂舜臣遊，爲文益進。其六兄赴陝西父任，賦詩贈之曰：『一曲陽關意外聲，青楓浦口送兄行，頻將雙淚溪邊灑，流到長江載遠征。瀟瀟連夜雨聲多，一曲驪歌喚奈何？我願將身化明月，照君車馬度關河。』以弱齡之人，吐此等警語，無怪乎長老咸爲擊節。

二

同母兄嗣襄亦有慧才，病歿台灣，復生哀之慟，題其墓石云：『恨血千年，秋後愁聞唱詩鬼。空山片石，蒼然如待表阡人。』又題文天祥之雨琴句云：『陰沉沉，雨寂寂，芭蕉雨聲何急！打入孤臣心，抱琴不敢泣！』某年與兄同舟涉江，風大作，浪高於舟數尺，舟人大恐，兄弟相視而笑，因口占兩絕云：『波揉浪簸一舟輕，呼吸之間辨死生，十二年來無此險，布帆重挂武昌城。白浪舡頭聒旱雷，逆風猶自片帆開，他年擊楫渾閒事，曾向中流鍊胆來。』其造句悲憤，奇崛，往往如此，其能爲國家一大壯烈犧牲者，固早蘊藏於文字間矣。

三

自甲午戰敗後，益發奮於新學，時康南海方創設强學會於京滬，復生自湘遊京師請謁，稱私淑弟子，又與新會梁任公訂交，自是學益進而名益高，激昂慷慨以論天下事，海內志士，聞其言論，仰其丰采，莫不尊而慕之。以父命納貲爲江蘇候補知府，需次南京者一年，閉戶讀書，於是冥探孔佛，會通賢哲，參衍南海之學說，而著『仁學』，以大無畏之精神，闡明微言大義，以期挽世運而救衆生，其衝破禮教藩籬，尤多精奇語，足使腐儒頑夫，聞之咋舌驚走。

四

未幾，棄官歸湖南，襄助巡撫陳寶箴推行新政，設南學會，講愛國之理，求救亡之法，故湖南風氣大開，新政日隆，以一省之地，足爲全國楷模，復生之功爲最焉。迨至國是之詔下，經學士徐致靖之保荐，被徵，奏對稱旨，德宗特擢四品卿銜，軍機章京，與楊銳、林旭、劉光第，同參新政，時稱軍機四卿，幾與宰相之職權相等。自此四卿用事，而南海之意見，即易達上聽，西后及頑固之諸王大臣，則嫉之更甚。

五

戊戌政變未作前，形勢日漸危亟，復生逕至袁世凱私邸，而告以天津閱兵之密謀，並力勸世凱設法救皇上，世凱慨然以允，然而，不久即有垂簾之詔，大事遂不可爲矣。復生密語其友梁任公曰：『不有行者，無以圖將來，不有死者，無以酬聖主，今南海生死未可卜，程嬰，杵臼，吾與足下分任之。』遂堅臥不出門，以待緹騎之來也。時有日本志士數人，欲護其東遊，苦口勸行，復生曰：『各國變法，無不流血而成，今中國未聞有變法而流血者，有之，請自嗣同始。』繫獄後，有題壁一絕云：『望門投止思張儉，忍死須臾待杜根，我自橫刀向天笑，去留肝胆兩崑崙。』

六

八月十三日斬於市，年三十有三。就義時，神色不少變，觀者萬人，俱爲悲嘆

「監斬官爲軍機大臣剛毅，復生顧謂之曰：『吾有一言』。剛毅疾走不聽，乃從容俯首就戮，同時死者共六人，世稱戊戌六君子。

七

康廣仁，名有溥，以字行，別號幼博，又號大广，南海之同𡚴弟，候補主事。自幼卽絕意舉子業，亦不喜章句學。惟在澳門創辦『知新報』，在上海設立譯書局，開辦學校。其爲人，性行篤摯，長於治事之條理，而爲乃兄所掩也。

楊深秀，字漪村，山西喜縣人，十二歲，卽補縣學附生。生平以氣節自厲，光緒十五年成進士，授刑部主事，累遷督察御史，居京師二十年，惡衣菲食，持躬廉正，取與之間，一介不苟，有古君子之風焉。

楊銳，字叔嶠，又字鈍叔，四川綿竹人，性篤謹，好詞章，張之洞督學四川時所拔識，因受業爲弟子。光緒十五年，以舉人授內閣侍讀。嘗從南海倡强學會，又自開辦蜀學會。政變前夕，查禁各會，叔嶠獨抗爭，可謂不畏强禦，不顧生死矣。

林旭，字暾谷，福建侯官人，南海之弟子，天才特達，鄉試冠全省，爲文奧雅奇偉，直追漢魏，詩宗宋人，長老名流，皆樂折節爲忘年交。臨刑時，嘗呼監斬官而問罪名，官不之顧。妻沈靜儀，爲文肅公葆楨之孫女，得耗痛哭，仰藥以殉。

劉光第，字裴村，四川富順人，弱冠成進士，授刑部主事，因丁憂，去官返蜀，教授鄉里，提倡實學，蜀人化之。及聞南海開保國會，翩然來爲會員。因陳寶箴奏保，召見加四品銜，參與新政。與譚瀏陽同班，最相契，瀏陽嘗曰：『京師高節篤行之士，罕其匹也。』既就義，其子赴市曹伏屍痛哭，淚盡以血，經一日夜以死，亦孝聞也。

嘗聞六君子就義前，西后集諸王大臣而議此案，慶親王奕劻奏請審後定罪，西后曰：『他們的事，我有憑據，用不着再審。』時，廖壽恆方爲刑部尚書，欲奏爭，裕祿亟止之。然所謂憑據者，亦不過據報如此，『莫須有』而已。以莫須有而罪人者自古暴君獨裁，一鼻孔出氣，此法律之所以失靈，而國家之所以敗亡也。

三六　唐才常

唐才常，字佛塵，原爲紱丞，湖南瀏陽人，清光緒丁酉拔貢，與譚嗣同齊名，世稱兩瀏陽。

佛塵少負志節，喜談兵，攬轡有澄清天下之志。年十九補縣學生，縣府道三試，俱取第一，時稱小三元及第。瞿鴻禨任四川學政，向翰林歐陽中鵠問湘中人才，中鵠以佛塵對，因隨入川，充閱卷官。迨學政任滿，仍返瀏陽。始與同邑譚嗣同訂莫逆交，論戚誼，則譚長唐一歲，故稱之爲復丈。後來佛塵交新會梁任公，復生嘗爲介之曰，二十年刎頸交，唐佛塵一人而已。

丙申，江標建霞主湖南學政，延佛塵入幕，禮爲上賓，時湖南巡撫陳寶箴，按察使黃遵憲，及紳士熊希齡等，推行新政，聘梁任公爲時務學堂總教習，佛塵亦充任講席，並兼辦『湘學報』，一時湖南風氣爲之丕變，有中國『普魯士』之稱。右銘曾語佛塵曰：『論官階資歷，老夫忝爲前輩，至於學問經濟，則甘拜下風。』其推重一至如此。

二

戊戌政變前，復生在軍機處辦事，曾疏保佛塵『擅文章，通武畧，才堪大用』，德宗傳旨召見，佛塵束裝晉京，甫抵漢口，而京變突起，復生殉難，乃倉皇返里，撰聯以哭之曰：『與我公別幾許時，忽驚電飛來，忍不携二十年刎頸交，同赴泉台，漫贏將去楚孤臣，簫聲嗚咽；近至尊剛百餘日，被羣陰搆死，甘永拋四百兆黃帝冑，長埋地獄，只賸得扶桑三傑，劍氣摩空。』

既語其師劉蔚廬曰：『吾與復丈相期努力國事，誓共生死，今復丈爲羣奸搆死，吾豈獨生？』觀其於戊戌後所爲詩，有句云：『要當舍性命，衆生其永懷。不爲鄉愿死，誓斬仇人頭。』蓋已存報國殉友之志矣。

未幾，赴日本，南海先生一見，即語其門人徐勤曰：『佛塵烈士也』。從南海遊，稱私淑弟子，日夕討論變法維新，及保帝反后之大計。並納交日人犬養毅，益瞭然於日本維新，所以能摧毀德川幕府之政權，實有賴於長閥、薩閥地方之武力，而戊戌政變失敗，固由於袁世凱首鼠兩端，更由於西后憑藉榮祿之兵力，以制伏德宗，因此之故，則建立軍事起義勤王，爲不可緩也。

佛塵在日本時，其友畢永年，學生林圭，及孫中山先生，亦同時客日，畢隸興中會，林屬康梁黨，均與湘鄂各地幫會素有淵源，因此雙方頻頻籌商聯絡幫會起義，最後採取殊途同歸之辦法，唐林回國起義於湘鄂，與中會同志，則在廣東以應之。故佛塵等回國後，梁任公設宴歡送，中山亦嘗陪座。並爲作書介紹國內同志，是兩黨宗旨雖殊，而起義則一致也。

唐等既抵上海，卽發起正氣會，旋改名爲自立會，卽起草會章，序文有云：『日月所照，莫不尊親，君臣之義，如何能廢？』永年反對無效，而各方來洽之幫會頭目，亦一致擁護佛塵保帝反后之運動，永年乃大失望，遂削髮爲僧，不知所終。

三

自立會成立後，進一步組織中國國會，組織中國自立軍，其時八國聯軍已陷北京，兩宮西狩。兩江總督劉坤一，湖廣總督張之洞，倡東南自保之議，佛塵亦力促其成。同時，將自立軍分左右中三軍，左軍在通州，秦力山統之。右軍在鄂西，沈愚溪統之。中軍以武漢爲根據地，林圭統之。而佛塵自任天下兵馬都元帥，南海，新會，則在海外負籌餉運械，宣傳之責任。

其時，湖北巡防軍統領黃忠浩，亦爲湘人，佛塵曉以大義，忠浩卽願參加。自立軍所密布之口號：『紅羊浩刧遍地催，萬丈陰霾打不開，頂天立地奇男子，要把乾坤扭轉來。』各路軍同時起事，聲勢甚壯，不謂忠浩猶豫不決，總糧台官狄楚青，自漢星夜馳抵上海報告軍情，以事將必敗，苦勸佛塵勿輕前往，佛塵曰：『自我發之，死亦分耳。』遂赴漢，欲有所補救，不期月而事果敗。

四

佛塵被捕，鞫訊時，神態自若，緘口不發一言，僅書：『丁酉拔貢唐才常主義不成，請死。』十三個字耳。將刑時，有句曰：『三尺頭顱酬故友，一腔熱血洒神州。』同時殉難及續捕殺者二百餘人，以時務學堂學生為最多。死事之烈，震撼中外，日後成名之吳祿貞，范源濂，蔡鍔，皆預與是役而倖免者。右軍沈愚溪聞事變逃免，越二年，習為綢緞商人賷緣入京，欲刺西后，事覺亦遇難。

先是，佛塵講學時務學堂，授禮記，闡禮運大同之說，辯才無雙，聽者嘆服。譚復生嘗集句贈之曰：『思緯淹通比羊叔子，定禮決疑問陶覆之。』遺著『覺顛冥齋內言』為維新變法而作。卒年三十四，與譚復生不媿為二十年刎頸交也。

三七 秋瑾

一

秋瑾、字璿卿、號競雄，又稱鑑湖女俠，浙江山陰人，生於民國紀元前三十七年。自幼喜讀革命書籍，壯則留學日本，歸國後，開報館，興學校，致力革命，不遺餘力，卒致起義未捷，殺身以殉，誠中國之女傑，羅蘭夫人之流亞也。

女俠幼穎慧，美儀容，七八歲能誦詩書，解韻語，隨父遊宦福建。年十五，操筆爲詩文，琅琅可誦。暇則輒喜啓父書櫥，得讀黃梨洲「明夷待訪錄」，顧亭林「天下郡國利病書」及羅蘭夫人故事，乃大喜過望，而民族意識，革命思想，遂胚胎於此時矣。

二

甲午中日大戰後，清廷弱點，完全暴露。康有爲、梁啓超等，倡導變法維新，孫中山鼓吹革命排滿，女俠年方十八，芳心怦然動。明年，父調官湖南，從之赴長沙。以媒妁之言，與世家子湘潭王廷鈞字子芳，成婚。女俠雖不愜於婚事，然頗欲感召夫婿，同作革命之志士。惟子芳志不在此，因納貲捐戶部郎中，攜女俠赴京師，生有子女各一人。

子芳同官之無錫人廉泉，字惠卿，夫人吳芝瑛，桐城古文家吳汝綸之姪女，通學術，性豪放，識女俠，歡若平生，遂結爲異姓姊妹，女俠嘗贈以詩云：『曾因同調訪天涯，知己相逢樂自諧。不結死生盟總泛，共吹壎鐸韻應佳。芝蘭氣味心心印，金石襟懷默默諧。文字之交管鮑誼，願今相愛莫相乖。』詩固平常，而情感之豐富，則躍然紙上。

戊戌政變起後，革命風潮瀰漫全國，女俠以憂時心切，乃作赴日留學計，惟有兩事須先解決者，一爲夫妻離居之協議，一爲經費之籌措。子芳亦解人也，諒其心，並贈金一萬元。時同客都城之戚屬陶杏南，與其日籍夫人狄子，狄子亦女俠之摯友，爲餞別於北京陶然亭，吳芝瑛夫婦亦翩然蒞止。女俠即席塡詞一闋，詞云：「把酒論文歡正好，同心況有同情，陽關一曲暗飛聲，離愁隨馬走，別恨繞江城！鐵畫銀鈎兩行字，歧言無限丁寧，相逢異日可能還？河梁携手處，千里暮雲横。」友朋依依不舍之情，流露殆盡矣。

三

女俠既抵日本，初入留學會館之日語講習所，既轉學於青山實踐女子學校，課外則喜讀革命書報，結納革命志士。時孫中山先生方作傾韃虜建民國運動，惟所領導之同志，分爲兩派主張，汪精衛、胡漢民等，仍主留日讀書，充實內部，而女俠及陳天華、田桐等，則主張返國，自開報館，自辦學校，以作實地之進行。結果，各行其事，殊途同歸，女俠遂作回國之籌計。

當其返國之前夕，由同志陶成章爲作介書兩通，一致上海蔡元培，一致浙江徐錫麟，因兩人爲革命黨之浙江領導人也。女俠先至上海訪蔡氏，繼赴紹興訪錫麟，一見之下，抵掌論革命大事，意趣相投，從此與錫麟作實際之布署，以學校爲基地，以軍事爲目標，起義之舉，迫不及待焉。

四

徐錫麟，字伯蓀，浙江會稽人，勇敢沉毅，固已有名於時。創辦大通學堂，以作革命策源地。女俠參贊機要，佈署就緒，又復返日。時留日同志，團結運動，日益擴大，統一機構爲「同盟會」，公推孫中山先生爲領袖。並於國內各省籌設分盟，女俠以評議員而兼浙江之主盟，遂正式宣誓入盟。每次開會，中山則必向同志介紹曰：『秋瑾同志，是我們中國女性模範，他是我們革命黨的生力軍，同志們，請注意他寶貴的意見。……』未幾，返國，臨行之前，賦感時詩，其一律云：『鍊石無方乞女媧，白駒過隙感韶華：瓜分慘禍依眉睫，呼告徒勞費齒牙。祖國陸沉人有責，天涯飄泊我無家，一腔熱血愁回首，腸斷難爲五月花。』

五

女俠行時，又留同志一書，畧云：『……吾自庚子以來，已置生死於不顧，即不獲成功，而死亦吾所不悔也。且光復之事，不可一日緩，而男子之死於謀光復者，則自唐才常以後，若沈藎、史堅如、吳樾，諸君子，不乏其人，而女子則無聞焉，亦吾女界之羞也。願與諸君交勉之！』其偉大抱負與犧牲之精神，已決於此函矣。

歸抵上海，與田桐、胡瑛，創辦吳淞中國公學，開辦中國女報，時吳芝瑛夫婦已自北京賦居上海，舊雨重逢，讌叙彌歡。女俠腰佩倭刀，芝瑛詢其來源，答曰：『此刀爲日本古代遺物，吾以重金購得自衛。』酒酣之餘，拔刀起舞，並高唱寶刀歌曰：『不惜千金買寶刀，貂裘換酒也堪豪，一腔熱血勸珍重，洒去猶能化碧濤。』芝瑛觀其豪情盛概，聽其革命言論，固表同情，而實深慮其危也。

小住數日，悄然辭去，即赴虹口秘密處，製造炸彈，購買槍械，而芝瑛不知之焉。是年冬，冒雪遍訪浙江各地，聯絡志士，觀察山川之險要，歸返大通學堂。時錫麟已離校入安徽，女俠則自爲校長，日率學生，演習兵操。常佩刀匹馬，馳驅操塲，儼然糾糾武夫。社會人士，羣以爲怪，燕雀安知鴻鵠之志哉！

六

錫麟參加安徽撫署，僞作巡撫恩銘之親信，乘機刺殺恩銘，造成安徽大暴動。噩耗驚傳，女俠悲憤塡膺，校中潛伏之志士，勸其提早起義，女俠乃一面組織敢死隊，派赴紹興城內潛伏，一面進兵，義旗高舉，聲聞全浙。巡撫張曾敭，根據報告，卽派勁旅，渡江進攻，包圍大通學堂，女俠督隊應戰，無如衆寡不敵，死傷慘重，遂束手就擒。

紹興知府貴福，審訊女俠，嚴刑詳鞫，期得同黨之姓名，而女俠誓死不答，迫錄供詞，則大書『秋風秋雨愁煞人』七字而已。遂於六月初五晨綁赴山陰古軒亭口之刑塲。臨刑時，女俠昂首四顧，從容就戮，一代豪俠，遂與世長辭矣。

死後暴屍亭前，無人敢葬。其義姊吳芝瑛馳赴古軒亭口，收殮遺屍，移櫬杭州，葬於西冷橋畔，親書墓碣曰：『嗚呼鑑湖女俠之墓。』

三八　丘逢甲

丘逢甲，字仙根，號倉海，又號仲閼，原籍廣東嘉應州鎮平縣人。祖若父，墾殖台灣，遂著籍焉。光緒中成進士，以工部主事用，生平以霸才自許，尤工詩，有民族詩人之稱。嘗倡台灣自立，事雖終敗，而大義已昭著於天下矣。

倉海幼敏慧，讀書過目不忘，六歲能綴韻語，有才子之名。身軀魁偉，見者疑爲武人，稍長，應福州鄉試，中三十一名舉人，明年成進士，殿試列二甲，以工部主事用，以無意仕進，乃假歸。先後主講台中衞文書院、台南羅山書院，嘉義崇文書院、潮州韓山書院，課藝以外，並勸諸生，閱報章、讀新書，其思想已隨時代俱進矣。

甲午中日戰起，我軍敗績，倉海聞而痛哭，遂捐家資，編練台民爲義軍，計成募者三十餘營。乙未，馬關和約成，割台灣畀日本，乃與士紳奮起謀挽救，上書大府，誓死拒割台，畧謂割地議和，全台震駭！自聞警以來，台民慨輸餉械，無負列聖深仁厚澤，二百年養人心，正士氣，正爲今日之用，何忍一朝棄之？全台非澎湖之比，臣等桑梓之地，義共存亡，願與撫臣誓死守，若戰而不勝，待臣等死，再言割地，亦可上對列祖，下對兆民，情詞激昂，而書上卒不報，仍飭撤回守官，於是台民獨立自主之運動，遂以爆發。

二

清廷不恤台民之呼籲，命李經芳爲割台專使，同時，日本亦派遣兵艦，星夜進台。倉海揮涕語衆曰：『台灣者，吾台人之所自有，何可任人私相授受？清廷棄我，我豈可復自棄耶？』遂以台灣獨立自主，號召於全台，登高一呼，台人響應，忠義好勇之士，尤爲慷慨！而力贊其說，衆推倉海，起草憲法，定台灣爲民主國，選總統、開議會、立官制、定國徽，民主國家草創就緒。

其次，爲總統之人選，衆議屬巡撫唐景崧，因其位高望重，爲台民所歸。惟倉海素知景崧處士好大言，以之爲高官，則尚可應付，以之創大業，則不足有爲，因此遲疑不決，而卒從衆議，率紳民數萬人詣撫署，上臺灣民主國大總統印綬於景崧。景崧朝服出，北面受任，卽以撫署爲總統府，電告自主於淸廷，並言遙奉正朔，永作屏藩。副總統一席，羣以屬倉海，固辭不獲，乃就任，而大權仍縱於景崧也。時黑旗將軍劉永福，方鎭守臺南，尙不明了民主國產生之經過，但僅電陳景崧、倉海，願與臺灣共存亡耳。

三

景崧就任大總統以後，對於臺北防守，辦法毫無。鎭守臺南之劉永福，深以爲慮，因自請佐台北，以策萬全，而景崧以與永福夙有齟齬，且其爲人勇悍難馭，遂婉詞以謝，兩人意見，自此更左。

倉海憂之，以爲全台大政，集中台北，一旦有失，勢必牽動台南。且景崧爲人，雖自號知兵，而實無謀畧，無永福爲助，終恐不易防守。乃力勸景崧，捐除成見，引永福爲助，舌敝脣焦，繼之以泣，而景崧依然不納也。倉海喟然嘆曰：『其殆天乎！』厥後，景崧坐誤事機，台北失陷，狼狽而逃。永福孤處台南，兵寡餉絀，然猶與日軍相持數月，卒以援絕內渡，而全台遂亡矣。

四

倉海於台灣淪陷後，率民兵竄伏深菁窮谷間，堅持數月，欲據山死守，與台共存亡。部將某勸諫曰：『台雖亡，能强祖國，則可復土雪恥，不如內渡也。』倉海從其言，痛哭辭台，奉親內渡歸原籍。又走京師，陳恢復之策，終不得報。乃返廣州，致力教育，以新思潮及有用之學，啓迪後生。並創辦廣府中學，故嶺南新學，實以此爲先導，而諸生之廁身革命黨者，亦受其庇蔭。

庚子赴南洋各地，考察僑政。歸後任廣東省教育會會長，兩廣學務公所議紳，迨廣東諮議局成立，當選爲副議長。詎料天奪其年，騎鯨西去，壽止·時一地之不幸哉！

五

倉海工詩，惟早年所作，均因戰亂失散，迨內渡後，始有存稿，約計二千首，弟瑞田爲選刊，題曰「海日樓詩鈔」。子琮，復輯其關于發揚民族精神者，都三百首，爲「倉海先生詩選」，其離台詩六首，爲內渡後開篇之首，原註云：『將行矣！草此數章，聊寫積憤，妹倩張君，請珍藏之，十年之後，有心人重若拱璧矣！海東遺民草。』詩云：『宰相有權能割地，孤臣無力可回天。扁舟去作鴟夷子，回首河山意黯然。虎韜豹略且收藏，休說承明執戟郎，至竟虬髯成底事，宮中一炬類咸陽。捲土重來未可知，江山亦要偉人持。成名豎子知多少，海上誰來建義旗，從此中原恐陸沉，東周積弱又在今。入山冷眼觀棋局，荊棘銅駝感慨深。英雄退步即神仙，火氣消除道德篇。我不神仙聊劍俠，仇頭斬盡再昇天。亂世團圓骨肉難，弟兄離別正心酸。奉親且作漁樵隱，到處名山可掛單。』觸物傷時，淋漓明暢，國家民族之感，騰躍紙上，故能感人之深。

六

初由台返粵，入梅州有七律一首：『悽絕天涯雁叫聲，秋江一棹入斜曛。陰那山色雲中現，蓬辣灘聲雨裏聞。隔嶺樹疑孤塔露，得風帆帶亂峯奔。平生去國懷鄉感，只合江頭醉十分。』歸抵鎮平故居，遊仙人橋，作律兩首：『海外歸來意愴然，石梁重自認秦鞭。一庵斜日墜紅葉，萬嶂秋空開碧蓮。家近洞天宜入道，人經浩刧欲逃禪。松楸古墓枌榆社，早結仙家未了緣。溪轉峯迴石氣陰，懸岩高閣客登臨。虹腰一角連山合，雪乳千年古洞深。入穴人疑營窟世，題橋詩總襆仙心。中年學道時偏早，領略梅香思不禁。』復有天涯七律一首云：『天涯斷雁少書還，夢入虛無縹緲間。水火餘生心易碎，愁人未老鬢先斑。沒蕃親故淪滄海，歸漢郎官避故山。已分生離同死別，不堪揮淚說台灣。』其歲暮雜詩有云：『極目寒山落照遲，邊風獵獵捲牙旗。黃犀入貢非今日，白馬馱經異昔時。山海龍呼愁變夏，春秋麟泣戒書夷。千年妖火彌張燄，太息流傳景教碑。』

倉海生平，惟志在國家民族之復興，雖夙好吟詠，初非欲爲詩人，迨遭國家大變，義師旣敗亡，抑鬱返中土，滿懷憤慨，一腔熱忱，遂發而爲詩，聊以見志，不作詞藻之刻畫，而霸氣可見焉。

辛亥革命甫成功，而以疾而終，年四十有九。生平以霸才自許，自台變入渡後，詩尤沉鬱。著有「嶺雲海日樓」詩集傳世。當其內渡，著論或責以田橫之義，然其處境不同，蓋宗國尚在，正宜留此身以圖恢復，而竟終其身無藉手之機，此豈倉海之所及料哉！近見時人鍾應梅，有詠倉海一絕云：『霸才不用用詩鳴，羞戴頭顱入上京。天負英才無藉手，漫論心跡異田橫。』蓋道其實也。

下篇

一　容閎

一

容閎，字純甫，一名達明，廣東中山縣人。道光八年生，爲中國最早留美學生，亦最早提倡洋務。而於中國新文化運動，極有關係，其影響於維新變法者，亦甚鉅也。

純甫爲中山縣南屏鄉人，少時，就學澳門瑪禮遜紀念學校，未終業，歸故里，入私塾讀書。迨香港割讓與英，瑪禮遜校亦遷香港，乃續入學，爲第一班學生，以成績優長，爲校長美人勃朗氏所賞識，因得其助，赴美留學矣。

自孟松中學畢業後，考取耶魯大學，屢以英文論說優異，連獲學校之首獎，爲彼邦師友所重視。時當清政窳敗，外交失利，純甫目擊美國教育日新，民主政治蒸蒸日上，因慨然有爲祖國倡導革新之宏願。並擬將中國學術，介紹於西士，西方文明，灌輸於中國，以期文化交流，而收補偏救弊之功，殆非以後少數沒出息之留學生，拾人牙慧，數典忘祖者，所可同日而語。

二

咸豐四年歸國，先至澳門省親，旣徙居廣州，補習中國文學，曾一度居香港，習爲律師。其時，太平天國，已定都南京。乃間關赴上海，任英商寶順洋行書記，英人欲任其爲駐日本長崎分行之買辦，非其所願，婉言辭之。

旋與美國教士及友人曾恆忠，赴南京訪問，謁玕王洪仁玕，仁玕者，天王洪秀全之從弟，天國末期之要政，出其擘畫也。純甫以淸政窳敗，天國初興，爲政治自然之演進，乃向仁玕建議七事，其大要爲：以制度組織軍隊，設立武備學校，建立海軍學校，延用富有學識經驗之人才，創設銀行，普及教育，設立實業學校，俱爲仁玕所嘉納。而終因諸王意見紛歧，未果實施，純甫以計之不行也，憤而返上海。

三

歸滬後，仍任職寶順洋行，赴九江經理購茶，忽得友人張斯桂，李善蘭之函約，以總督曾國藩夙慕其名，亟欲一見，斯桂，曾軍之統帶，善蘭，國藩之幕友，皆從駐安慶，固早爲純甫游揚矣。

既謁國藩，暢談甚洽，遂受命籌備機器廠，旋赴英美，購買機器，涉歷重洋，爲時兩載。運抵上海，即於高昌廟裝設，名曰「江南製造總局。」局旁設兵工學校，局內設繙譯館，十餘年間，譯書一百餘種。區區一局，遂爲洋務之重鎮，遺惠無窮，純甫之力耳。

嗣後，李鴻章之洋務，張之洞之漢陽鐵廠，大冶鐵礦，實受其影響。純甫原欲輔助天國，推行新政，而所志不遂，轉而助國藩，其九十度大轉變，誠不免使人駭異，庸詎知，伊尹聖之任者也，亦嘗五就湯，五就桀，故聖賢之用心，在行其道以利天下，他非所計也。

四

純甫新政之計劃，重點在於教育，故選派青年赴美留學，以爲國家造就建設之人才，以爲新文化運動之啓發，殫精竭慮，併力以圖。曾國藩，李鴻章，據其主張，會銜奏陳，奉旨照辦。純甫遂與翰林陳蘭彬，共負辦理赴美留學之專責，而第一批學生三十人，遂聯袂放洋。

自第一批以至四批，約計一百餘人，其中廣東籍佔三分之二，次爲江蘇，學成回國，多有建樹。其中尤顯者，爲梁敦彥，唐紹儀，梁誠，詹天佑。敦彥於光緒末年，任外務部尙書，紹儀爲侍郎，出爲奉天巡撫，民國建立，第一任內閣總理，梁誠爲駐美大使，天佑爲漢粵川鐵路督辦，而於京章路上，立功尤著，出居庸關，抵八達嶺，則見青龍橋畔，銅像矗立，萬古不朽。

當留美學生大多回國以後，純甫以任務終了，賦居美土。會值朝鮮事起，乃上書總督張之洞，主張亟向英國借欵，購辦鐵甲兵船，僱用外國兵，由太平洋襲擊日本後路，必可轉敗為勝，轉危為安，之洞深韙其議，而相國李鴻章已與日本議和，此議遂寢。

五

未幾，奉之洞電召返國，遂以變法維新進陳，之洞雖稱善，而格於環境，無從實行。遂辭之洞，再赴上海，轉遊北京，建議清廷，設立國家銀行，開辦全國鐵路，亦為守舊派所反對。斯時，康有為，梁啓超，以鼓吹維新變法，上書清廷，與純甫所主張，多不謀而合，故北京容氏客寓，遂為維新黨人集會之所。詎料，晴天迅雷，政變突起，康梁潛逃，六臣殉難。而純甫亦為清廷所忌，乃潛赴上海租界，旋偕族人容耀垣，再遷香港以避之。

六

香港爲革命黨人活動區，以排滿清，建民國，號召於天下，奉孫中山先生爲領袖。原欲聯合純甫，共同奮鬥，而終未得諧，惟其族人耀垣則加入同盟會。純甫遂於一九〇二年，再赴美，優遊晚景，著「西學東漸記。」中華民國成立後，中山當選爲臨時大總統，以純甫倡洋務，於溝通中西文化，厥功甚偉，乃致書促其歸國，略云：『……民國建設，在在需才，素仰盛名，播震寰宇，加以才智學識，練達過人。用敢備極歡迎，懇請先生歸國，倘俯允所請，則他日吾人得安享自由平等之幸福，悉自先生所賜矣。』純甫得書，欣慰之餘，頗欲成行，而老病復發，以民國元年十二月二十三日，卒於美國哈特福德州，享年八十有四，有子二，長名覲彤，次名覲愧，亦均畢業耶魯大學。

二　楊守敬

一

楊守敬，字惺吾，晚號鄰蘇老人，湖北宜都人，精輿地，訓詁，金石文字，而用力於水經注尤劬，藏書數十萬卷，爲鄂學靈光者，垂二十年。校刋古逸叢書，更大有功於學術，善書，法蘇東坡而能變化，秀勁超逸，冠絕時流，間摹鐘鼎亦極工，故學術之名，轉爲書名所掩。

二

惺吾幼讀書，能作慧解，博聞强記，長老咸爲嘆服。秋闈報捷後，精研更不輟。以光緒六年，東遊日本，時使日大臣爲遵義黎庶昌，惺吾以張裕釗荐，任使館參贊，公餘輒遊日本書舖，得見生平所未及見唐鈔宋刻之珍本書甚多，而以所携帶之古印，古錢，與日人交易，久之，獲珍本書盈筐滿篋。

於是，手自批訂訪書緣起條例，庶昌見之，大爲贊賞，因刻古逸叢書，屬惺吾主其事。明年，部選惺吾爲黃岡敎諭，庶昌代請鄂督轉奏，以校書事未竣，不能回國，另選人代理，惺吾因得專心從事校刻矣。每刻一部，一字一劃，有修改補刻至兩三次以上者，其穀梁傳，尤無一筆異於古形，書成，傳至國內，尙書潘祖蔭見之，嘆爲自宋以後從無此鑑別之精也。

三

惺吾每閱工人所刻之板，不須印刷樣本，卽能以白板鑑定優劣。某日入刻字店，店主笑謂之曰：『我國工人皆苦先生眼力之精，不容絲毫假借。今在此承刻工人，計共十八名，其中有一領袖，請以十八板閱之，誰爲領袖？能鑑中，則先生眞神目矣。』惺吾曰，姑試之，不中，勿笑耳。尋繹再四，指其間一板曰，此當領袖所刻也。衆工人皆躍然起立，掌聲如雷。咸曰：『先生眞神目也』。明日，日本報章爭載此項新聞，羣詫中國有異人，而惺吾之名，遂揚溢乎三島矣。

惺吾于叢書將成前，嘗致書友人曰：『學問之事，敬以前皆未聞，自來此邦，因縱覽萬卷書，始知此中門徑。所刻書二十餘部，又爲日本訪書二十卷，若明年無他故，此身必當有五百年之稱，惜未得與仁兄朝夕相見，同此樂也。敬現在所藏書，已達數十萬卷，其中秘本，亦幾萬卷，就中有宋板藏書，可以相並，其他皆不足言也。自幸此身有此奇遇，故一切功名富貴，皆漠關懷，計明年當返國赴黃岡任，他日必邀仁兄一賞奇也。』其愉快之情，與自許之高，就此扎中，亦可概見。

四

惺吾於叢書各部，每加以跋語，考其源流，校其異同，俾後之學者易於研究也。以光緒十年，載書歸國，就任黃岡敎諭，築「鄰蘇園」以藏之，連屋充棟，無非是書，日夕與書爲侶，怡然自得。數年後，日本人以銀十萬元，婉商購回安陸氏書二十萬卷。旋又刻古籍數十種，撰「水經注疏」，都一百五十萬言，頗聞其遺稿，現尙存於自由中國，但不知何年付印。

南海康有爲著「廣藝舟雙楫」，意頗自得，持以問敎於惺吾，惺吾爲正其舛誤處數十條，康氏嘆佩不置。詎以民國四年十一月，病歿北京，年七十有六。其著作之精，前人實罕與匹，而墨寶遺留世間者，世人視若拱璧。

三一　于式枚

于式枚，字晦若，本蜀人，因父宦粵，僑居平樂，遂爲平樂人。少時，卓犖有大志，性敏慧，博聞強記，文譽隆起。惟客籍不得與郡縣試，其父謀於紳耆，有阨之者，欲索鉅金，始允著籍，晦若語父曰：『兒年尙稚，可緩議之，且讀書亦非專爲科名計，勿徒耗資也。』父壯其言，欲罷議，其同學友力勸就試，晦若曰：『吾將入金馬玉堂，不過假道於斯耳。豈需此一領青衿作酸秀才耶？如終不見容，吾將返蜀，或納監就北闈試，不與童子軍逐鹿，憑君傳語，吾去後，恐貴郡無翰林也。』旋悔失言，自是檢束身心，益肆力於學。

既而，著籍平樂，郡鄉兩試俱捷，於光緒六年成進士，以庶吉士散館，任兵部主事。時李鴻章總督直隸，疏調居幕府，奏牘多出其手。迨鴻章以欽差大臣賀俄皇加晁，歷聘德法英美諸國，晦若充隨員，歸授禮部主事，再由員外郎授御史，遷給事中，參贊辛丑和約，賞五品京堂，大學堂總辦，譯學館監督，旋擢郵傳部侍郎，數年之間，位至卿貳，殆積學所致歟？

二

當是時，政潮激烈，有詔預備立憲，舉朝競言西法，無敢持異議者，於是晦若奉命出使德國，充考察憲政大臣，瀕行疏陳曰：『言憲政者，必以本國爲根據，采取他國以輔益之，在求其實，不徒震其名……凡有大政事，大興革，內則集廷臣之議，外或待疆吏之章，勤求民隱，博采公論，與立憲之制，無不符合。……惟在朝廷，本一定之指歸，齊萬衆之心志，循序漸進，先設京師議院，以定從違，舉辦地方自治，以植根本，尤要在廣興敎育，儲備人才，凡與憲政相輔而行者，均當先事綢繆者也……』

晦若抵柏林，居年餘，於其立國之本原，民政之純駁，政令習俗之沿革，考察甚詳，研討亦精，歸國後，編著：「德國憲政史」，隨摺呈覽。明年，調禮部侍郎。

三

晦若歸國，於立憲要義，闡發纂詳，蓋期審愼以行，以固國本。惟時新黨，要求實行立憲，召集國會日亟，而樞臣亦以立憲國家崇尚法律，雖君主不能擅罪臣民，故亦主張提早施行，惟晦若以爲頑固勢力，盈野盈朝，一時不易剷除，縱使立憲，亦爲若輩所操持，而新黨多爲青年，愛國情殷，失於急激，轉足增國是之紛亂。乃上疏諫阻，有曰：『變法而求治太急，時機未熟，欲速而反不達，今徒騖其名而貿然爲之，他日將益滋紛議，吾欲朝廷緩辦者，在靜俟時會耳……』此公殆走中間路線耶？

宣統庚戌，朝議立憲，期以九年分期籌備，而先設責任內閣，各部尚書，改稱大臣，及朝命下，慶王授內閣總理，各部大臣，幾全爲滿人，漢人任大臣者，惟唐春卿長學部，沈家本長法部，京諺所謂閒曹而已。清室爲應付潮流，消弭事變，乃作立憲之假面具，固早爲晦若所洞見。

四

一日，都中宴集，賦詩鐘爲樂，由唐春卿學部命題爲『角黍魚燈』分詠格，晦若賦句云：『頻將綵縷乞長命，一出清流便熱中。』因春卿與張之洞，張佩綸、潘祖蔭、黃漱蘭、陳弢庵、當光緒初葉，羣以敦品學，砥名節，主持清議，詩人目爲清流黨也。晦若此聯，含有諷刺，宜其春卿色爲不懌，退謂友人曰：『春卿負清望數十年，循資而躋顯位，猶時畏物議之不見諒，甚矣盛名足以累人也。』

辛亥以後，袁世凱爲總統，嘗辟晦若爲記室，並以幣聘，覆書略謂：金已拜領，入都之約，已致書芸台公子，必能轉達聰聽。其覆書之籤面稱大總統，內函則稱四兄，故書中又附云，封面是官樣文章，不敢獨異，內函係私人交誼，不敢忘十餘年布衣昆季之雅，其措詞婉而直，抗節不撓。旋又聘爲參政，亦不就。且摭拾俚語，綴為小詞云：『頓足椎胸哭鈍初，裝腔作勢罵施愚，可憐跑壞阮忠樞，包管殺人洪述祖，閉門立憲李家駒，於今總統是區區。』極相醜詆，世凱閱及，誠難乎為情也。

晦若僑居青島，閉戶讀書，謝絕人事，常夜倚枕坐如枯僧，偶或吟詠，以抒幽懷。己卯卒於青島，海內耆舊，咸悼惜不已。其為人，內介而外和易，論憲政，務因時損益，而大勢所趨，莫能挽救，然而，較諸崇功利，蔑信義二三其德者，不可同日語，而遭逢衰世，齎志以歿，惜哉！

四 梁鼎芬

一

梁文忠公，字星海，別號節庵，廣東番禺人。光緒六年進士，授翰林院編修，時年僅二十二歲耳。法越事起，奏劾北洋大臣李鴻章誤國罪狀，請明正典刑，以謝天下。奏入，不報。復追論，延旨斥妄劾，受嚴議，降五級敘用，雖然，而節庵之直聲，已震動天下矣。

南皮張之洞總督兩廣，聘主廣雅書院講席，後調兩江，又聘長鍾山書院。旋隨南皮赴湖北，參幕府事，時推行新政，凡關學堂事，事無鉅細，惟節庵是任。未幾，奏保署武昌知府，復累擢按察使，布政使。奉旨入覲，面劾慶親王奕劻，又劾直隸總督袁世凱，謂其爲人：『權謀邁衆，城府阻深，能陷人，又能用人，私黨滿布京津，狠抗朝列，虎步京師，臣不敢自愛其官職，並不自愛其性命，但有一日之官，即盡一日之心，言盡有淚，淚盡有血。……』此眞言人所欲言，亦言人所不敢言。不圖，降詔訶責，乃引咎乞退。

二

迨兩宮升遐，萬里奔喪，痛哭而返。會南皮正在樞廷，亦不往謁。明年。聞南皮喪，再入都，親送至原籍安葬，而後歸里。及武昌首義，倉皇入都，以三品京堂，奉旨爲廣東宣撫使，而大勢已去，無可挽回，且粵中紛亂，道阻不得達，乃自請罷免，願留守陵寢，奉旨在毓慶宮行走。張勳復辟事起，臥病强起，周旋事變，憂傷過度，逾年病卒，謚文忠，此眞孤忠耿耿，生死無貳之臣也。

節庵博學多才，守道重義，於四庫全書目錄皆能背誦。每逢僚屬謁見，輒詢以曾讀四庫目錄否？有孔某者，山東曲阜人，候補知縣也。於四庫目錄，讀之爛熟，一日晉謁，節庵仍以前言問，孔乃高聲朗誦，節庵拍案稱賞曰：『汝眞不愧爲聖人後裔。』遂向上方揄揚，不數日，即授實缺。

三

光緒十一年，節庵以法越事件彈劾北洋大臣李鴻章，因而去官，南海曾有蝶戀花一闋慰之，詞云：『記得珠簾初捲處，人倚闌干，被酒剛微醉，翠葉飄零秋自語，曉風吹墮橫塘路。詞客看花心意苦，墜粉零香，果是誰相誤，三十六陂飛細雨，明朝顏色難如故！』

以落花況節庵，淒迷悵惘，怨悱交融，一往情深，想見老輩之篤交重義，節庵和之，其下半闋云：『多謝詞人心太苦，儂自摧殘，豈被西風誤！昨夜明月今夜雨，人生那得長如故！』

光緒十七年辛卯，南海講學萬木草堂，節庵贈以七言律詩三首，其第一首云：『牛女星辰夜放光，樵山雲氣鬱青蒼。九流混混誰眞派，萬木森森一草堂。但有羣倫尊北海，更無三顧起南陽，茇衣闌佩夫君意，憔悴行吟太自傷！』

時南海以中法北京條約，喪權失地，伏闕上書，有所論列，所志不行，退而講學，故覆詞云云。樵山，則南海故居也。具見梁啓勳先生筆記。按梁康二人，在清季以維新份子見阨於守舊之皇室大臣，或貶竄殊方，或亡命異域，入民國，又被時人譏爲頑固之遺老，維新耶？守舊耶？一身而兼之。

四

節庵課吏，向無定時，僚屬晋謁時，雖二三人，亦可命題考試，某次，以司馬光爲題，有捐班曾某者，未嘗閱及史鑑，以爲司馬光必爲司馬懿後裔，乃大書曰：司馬光者，司馬懿之孫也。節庵閱之大笑，即書一絕於卷尾云：『張家帽戴李家頭，漢宋何時鬧始休？畢竟此篇還可取，勝他一句一鈎輈。』因他卷竟有用漢司馬遷故事，且語語費解。

清室既亡，所謂遺老者，多任民國官吏，獨節庵仗節不屈，且每謀入宮請安，其時，太監索門包四兩，方爲通報，節庵每照付。有好事者嘗爲詩以嘲之：『一律夷齊去做官，首陽薇蕨采難完，忠臣要算梁星海，四兩門包請聖安。』此雖一時嘔噱，然較之大聲呼萬歲，靦顏事敵人者，其人格高下如何哉？

五　詹天佑

一

詹天佑，字眷誠，廣東南海人，咸豐十一年三月十七日生。中國赴美留學之第一批學生。歸國後，以經辦京張鐵路工程，建奇績，爲中外人士所景仰者也。

同治十一年，曾國藩，李鴻章，會銜奏准選派優秀青年赴美留學，天佑中選，年甫十二歲。抵美，先入小學，最後畢業於耶魯大學土木工程科，至光緒七年，學成回國。經綸滿腹，一心用世，然當時庸臣，把持朝政，與築鐵路，徒成空論而已。

天佑抑鬱不得志，適兩廣總督張之洞聞其賢，延爲水師學堂教席，執教鞭以授生徒，非其志也。直至光緒十四年，伍廷芳爲津榆鐵路總辦，始任爲工程師，自此三十餘年，用其所學，以建偉業，豈偶然哉？

二

初期計劃蘆楡，萍醴等線，而其最大成就，則在京張鐵路。自北京至張家口，長三百七十餘里，南口以北，岡巒重疊，溪澗歧紛，出居庸關，則八達嶺橫蔽其前，其上爲長城，峭壁百尋，驚心怵目，較諸平原建築，艱難萬倍。外人估計此路工程，需欵九百萬元，需時七載。然而，天才工程家之天佑，僅費欵五百餘萬元，甫滿四年，全線通車。

先是，天佑初次履勘，擬由石佛寺向西北行，嘗鑿洞六千餘尺，既改由東面斜行，就青龍橋施工關峽，僅鑿洞三千五百尺耳。是時天佑所攜工程專家二人，晝則繭足登山，夜則繪圖計工，無一息之安閒。而工程專家，又因故他調，乃獨任艱鉅，冥心孤往，歷時十八月，山洞鑿通矣。

通車之日，王公士庶，及東西人士來觀者，數萬人，咸嘖嘖稱奇。其先，英國報章嘗論曰：『中國安得有建築此路之人才？』今則改論曰：『誰謂中國無人才？

』此不獨天佑一人之榮譽，實中國空前之偉業。故英國工程研究會選其爲會員，中國人列名此會者，天佑一人耳。

三

清廷至此，亦認天佑爲曠世之奇才，乃賜授進士，並擢爲漢粵川鐵路督辦。湘鄂川漢各線甫經開工，而中德宣戰，工程因之頓挫。嗣後，歐洲協約國召開共同管理我國鐵路會議，天佑代表中國參加，折衝樽俎，不卑不亢，故中東鐵路華人獲有工程師地位者，天佑之力也。

民國八年四月二十四日，因積勞成疾，歿於漢口，享年五十有九，噩耗驚傳，天下悲悼。筆者於民國二十年，嘗作內蒙漫遊，於平綏道上之青龍橋畔，則天佑銅像，巍然猶存，臨風瞻仰，幾欲屈膝而拜焉。

六　王闓運

一

王闓運，湖南湘潭人，字壬秋，又字壬父，自署所居之樓曰「湘綺樓，世稱湘綺先生。

世傳湘綺生時，父夢神榜其門曰：『天開文運』，因以闓運爲名。初就塾讀書，性鈍，日誦不及百言，同塾生皆嗤之。師曰：『學而嗤於人，是可羞也。』闓運聞而泣，退益刻勵，日所學，不得解，不寢。年十九補諸生，自是經史諸子百家，靡不鑽研，作儀禮解十二篇。時當清末，士子承乾嘉以來訓詁章句之學，習註疏，重考據，不知修詞爲何事，湘綺慨然曰：『文者，聖之所託，禮之所寄，史賴之以信後世，人賴之以爲語言，詞不修，則意不達，意不達，則藝文廢，俗且反乎混沌……』于是本於詩、禮、春秋、參莊、列、探賈、董，旁涉釋乘，復沉酣於魏晋六朝之間，發而為文，華藻麗密，詞氣蒼勁，殆非唐宋以下文家所能及焉。

湘綺不僅以文章見長，而學術思想，影響于時代者亦甚鉅。錢基博嘗言：『五十年來，學風之變，其機發自湘之王闓運，由湘而蜀，由蜀而粵而皖，其所由來者漸矣，非一朝一夕之故也。』學者許為知言。

二

咸豐癸未，秋闈報捷，平湖張金鏞督學湖南，得其卷，驚曰：『此奇才也，他日必以文雄天下。』既入都，應禮部試，不售。時肅順柄政，待為上賓。一日，為草封事，文宗閱之嘆賞，問屬稿者何人，肅順對曰：『湖南舉人王闓運。』上問何不令仕？曰，『此人非衣貂不肯仕。』上曰：『賞貂』。衣貂者，即翰林也。

文宗崩，西后用事，時湘綺方客遊山東，先是得肅順書招，入京將大用，稍遲行，而肅順伏誅矣。遂臨河而止，狼狽而歸。有詩云：『當時意氣各無倫，顧我曾為丞相賓，俄羅酒味猶在口，幾回夢哭春華新。』即詠此事。後數年，主講船山學院，每朗誦此詩，淚輒涔涔下，亦嘗以私積千金，邮肅順之家屬，其於朋友生死之際，風義不苟如此，可以風世。

三

湘綺曾一度參兩江總督曾國藩之軍幕，以『簡屏儀從，延納士子，重法以繩胥吏，嚴刑以絕奸宄。』勸國藩，俱爲所嘉納。自後國藩益顯貴，賓客多變爲弟子，僚吏，而湘綺仍抗顏稱賓，某年，再赴金陵謁國藩，值事忙，遣使招飲，湘綺笑曰：『相國以我爲餔餟來乎？』遂携裝乘小舟返，國藩覺而追謝之，則已歸矣。

某年，再赴金陵謁曾國荃，貽詩有句云：『若論上將功多少，試問長江水淺深。』讀者不解其命義，問之，湘綺笑曰：『此乃見景生情，是時沅甫餽余五十金，余報之以詩，身在江船，對水賦此耳。』其詼諧如此，故雖爲國藩兄弟所禮重，而終未得其保荐大用者，豈無故哉？

四

清末再至北京，恭親王奕訢，慕其盛名，造問國事，湘綺曰：『國之治也，有人存焉，今少荃洋務，佩蘅政事，人才可覩矣，何治之是圖哉？』少荃者，直督李鴻章也，佩蘅者，大學士寶鋆也。而湘綺譏之如此。親王曰：『此處士之徒為大言也。』遂不復請益。

辛亥以後，士大夫多剪髮，著西服，而湘綺獨不改裝。會當八十壽辰，湖南大都督譚延闓，具大禮服往賀，湘綺則紅頂花翎，朝珠補褂，拖辮髮而出，延闓不得已屈膝下拜。既坐，湘綺顧謂之曰：『君勿詫，吾胡服垂辮，爾西裝髡首，皆外國制也，若能優孟衣冠，乃眞覩漢官威儀矣。』相與大笑不已。

袁世凱為民國總統，嘗以世姪禮，致聘問，湘綺老而再入都。相傳携所暱之女僕周媽與俱，既晤世凱，呼周媽而介之曰：『此今之大總統也，吾早年嘗為汝言，此公子神健，必貴，今果驗矣。』世凱局促無以應。世熟傳彼貽總統一聯曰：『民猶是也，國猶是也，何分南北？總而言之，統而言之，不是東西。』譽之者曰，此乃蘇東坡嬉笑怒罵皆成文章。

民三再入都，就職國史館長，一時名流，樊樊山，易實甫等，設宴為洗塵，席間漫談，湘綺曰：吾走遍各地，所吃醬油，無如敝縣湘潭為最，實甫因戲之曰：『湘潭出醬』（醬將同音），此老應之曰：『龍陽出相。』龍陽縣，為實甫之故里，而龍陽君又相傳為孌童，亦即北方人所謂相公者也。

湘綺斷絃後，不娶，事實上即以女僕周媽為繼室，行縱所歷，鴛鴦同載，接待賓客，亦所不避。而猶老健性狂，所暱不止周媽一人而已。有羅嫗者，湘綺日記稱為貞節孝婦也，後卒嫁其男僕蘇彬。日記有云：『夜寢甚適，羅氏侍也。』又有房嫗者，亦女僕也，日記有云：『房嫗勞困，鼾于臥側，外報，幹將軍來，披衣出迎，方與嫗話，若早一刻，直入臥內，有可觀也。』天眞可愛，其此老之謂歟？

相傳湘綺逝世時，周媽嘗輓以聯云：『忽然歸，忽然出，忽然向清，忽然親袁，恨你一事無成，空有文章驚四海。是君妻，是君妾，是君執役，是君良友，嘆我孤棺未蓋，憑誰紙筆定千秋。」或謂，此聯頗能概括湘綺一生，而道出兩人關係。

自京歸故里，年八十五卒，遺作甚多，其最著者，周易說、尙書箋、詩經補箋、禮經箋、春秋公年箋、論語訓、湘軍志、墨子、莊子、列子注、春秋遺傳……門人輯其詩文箋啓爲湘綺樓集，凡若干卷。其易簀前，有自輓一聯云：『春秋表未成，幸有佳兒傳詩禮。縱橫計不就，空餘高詠滿江山。』餘杭章太炎者，稍後出，目無天下人，而所學又與湘綺違異，獨稱其文章能盡雅，洵篤論也。

七 康有爲

一

康有爲，字廣廈，號長素，原名祖詒，戊戌亡命後，改字更生，復辟失敗後，又改字更甡，晚號天游化人，廣東南海人，世稱南海先生。

南海初生，家中相傳，見一僧人，担書入其室，呱呱墜地時，室內火光輝煌，故其詩集中有：『大火赤流屋，子夜吾始生』之句，此中國稗史輒紀載，凡非常人誕生，必有異狀，然耶？否也？姑引以發一噱耳。

惟其兩歲時，即能識字，五歲時，已能誦詩數百首。且受書過目不忘，因有神童之稱。年十一喪父，從祖讀，祖講程朱之學，開口聖人，閉口聖人，彼聞之熟，亦輒曰聖人，聖人，里黨乃戲稱之曰『康聖人』，彼亦受之不疑。

二

同邑人朱次琦，學者稱九江先生，其學湛深經術，而以致用爲主，南海從之遊，年甫十八，四年間，於周禮、儀禮、爾雅、說文、水經注、漢書、楚詞、文選、杜詩，以及六朝之文，靡不爛熟。惟是南海之學，雖從九江入，而不從九江出。蓋九江制行謹篤，南海則旁鶩西漢，力探微言大義，權奇自炫，好論天下事，自負可爲帝王師。

初著『新學僞經考』，僞經者，謂周禮、逸禮、左傳、及詩之毛傳。新學者，謂新莽之學，時清代儒者，誦法許、鄭，自號漢學，南海以爲此乃新代之學，非漢代之學，故正其名曰『新學』。常熟翁同龢，見其書，嘆曰：『康長素眞說經第一野狐也。』

三

自新學僞經考問世後，遂開學者疑古之門，而『大同書』之創作，尤爲驚世駭俗，蓋彼受西方自由、平等、博愛之影響，參以公羊家言，墨家兼愛，佛家去苦求樂之說，更以己意，一爐而治之，誠發前人所未發者。依據梁任公歸納大同書內容之要點：『無國家，全世界置總政府，及分若干區政府，皆由民選。無家族，男女同棲不得逾一年，屆時須易人。普設胎教院、育嬰院、蒙養院、養病院、養老院，及各級學校。設公共宿舍、公共食堂，有等差，各以其勞作所入，自由享用，警惰爲最嚴之刑罰。學藝有發明者，工作有特殊勞績者，得殊獎。死則火葬，火葬場旁設肥料工廠。』觀其要點，仍有才學勞績之差別，有自由之享用，最高之刑，不過警惰。以視共產主義實行後，屠殺於蘇俄，流血於中夏，窒息人類，殘賊自由，爲如何耶？雖然，南海懸此一鵠爲人類進化之極則，其理想與今世所謂『世界主義』『社會主義』，多相符契，而其獨標新說，一無剿襲，陳義之高，且疑過之。

四

南海喜談『改制』，蓋對『政治改革』，『社會改革』而言。又喜談『通三統』，三統者，謂夏、商、周，三代不同，當隨時因革。又喜談『張三世』，三世者，謂『據亂世』、『升平世』、『太平世』，愈改而愈進步也。故彼以爲學者，不應求章句、訓詁、名物、制度之末節，應求其義理，及古人創法立制之精神。遂以絕倫之資，豪狂之氣，倔强奥衍之筆，發其偉論，汪洋浩蕩，一瀉千里，使清學正統派之立脚點，爲之動搖，以形成今日文學運動之中心，南海其首倡者也。

光緒初年遊北平，應順天鄉試不售，過上海，從事西學之鑽研，再入京，上皇帝書，主張變成法，通下情，愼左右，惟布衣論政，危言聳聽，公卿大臣，咸不敢代轉奏，嗣捷秋闈，又入京，時値中日議和，割遼東、台灣，乃聯合千餘名舉人，上書皇帝，此卽轟動天下之『公車上書』，與今之學生請願團，大致相同。是年會試成進士，授工部主事，從此躍入政治舞台，而爲維新運動之領導人物。

五

自是上書論政，動輒萬言，力陳變法維新之不可緩，大臣皆惡其伉直，不予代奏。然所有奏章，已傳鈔於世，四海嗟悚，嘆其忠義，給事中高燮曾抗疏荐聞，德宗欲破格召見，為恭親王所阻。終至七上書而達帝聽，德宗遽為動容，且嘗引書中求為長安布衣而不可得，及不忍見煤山前事等語，以告軍機大臣曰：『非忠肝義胆不顧生死之人，安敢以此直言陳於朕前。』嗣後召見，則前席慷慨，極言變法自强，用人行政諸大端，帝嘉其言，遂决維新之議，下國是之詔。

南海既得德宗信任，則又竭力聯繫朝野進步之官吏、士夫，以為聲援，其中得力為最而影響及於中外者，當首維新會梁任公，次如張蔭垣、徐致靖、李端棻、譚嗣同、楊深秀、楊銳、陳寶箴、黃遵憲等，亦均有力焉。于是創立學會，開辦報館，以倡導變法維新讜言偉論，天下靡然從風，百日之間，新政蒸蒸日上。然而，書生從政，終嫌術疏，且求治太殷，轉增障碍。西后與諸王大臣，忌南海既甚，遂陰謀陷害，無所不用其極。更加彼所引用非人，變心携貳，以致晴天迅雷，政變突起。南海先得密旨潛逃，任公亦由日人保護亡命扶桑，譚嗣同等六臣斬首國門，德宗被囚于瀛台，西后又復聽政。故滿淸之亡，不亡於辛亥，而已植基於戊戌，苟不然者，則中國六十年來歷史，如何紀載，非吾所敢知也。

八　梁啓超

一

梁啓超，廣東新會人，字卓如，號任公，生于同治十二年正月二十六日。哀時客，少年中國之少年，中國之新民，飲冰室主人，滄江，皆其撰文之別號也。

新會六歲時，四書，五經，俱讀熟，八九歲學為文，能日綴千言。稍長，綱鑑易知錄，史記、漢書、古文辭類纂、唐詩亦皆成誦，十二歲成秀才，十七歲中光緒辛卯科舉人。主考尚書李端棻見其文，奇之，乃以妹字焉。

逾年赴京應會試，以解經用新奇語，見擯。歸經上海，購讀瀛環志，始略知五大洲事。是年，交陳千秋通甫，通甫語之曰：『吾聞南海康先生書變法，不報放歸，吾等盍往請益？』既見，南海則以大海潮音作獅子吼，於訓詁詞章之學，一一斥其非學。自辰入見，及戌始退，冷水澆背，當頭一捧，至是盡失其故壘，惘惘然歸，明日再請謁，南海乃詔以陸王心性之學，並及史學，西學之梗概，於是決然盡棄其學而學焉。

二

甲午，南海『公車上書』益致力於變法維新，新會從之奔走，開强學會，譯西籍，風靡一時。旣而至上海，創辦時務報，著變法通議，主張廢科舉，興學校，亦時時闡發民權之說，祇畧引其緒耳。未幾，受湖南時務學堂聘，主講席，其論學則自荀卿以下、漢、唐、宋、明、淸諸學者，掊擊無完膚，久之，爲守舊派葉德輝等所反對，而總督張之洞亦著『勸學篇』，折衷新舊，不盡采其說。於是，新會寖假不安於位，再入京師，上書論變法，奉旨總大學堂譯書局事，遂爲維新運動之中心人物矣。

戊戌變起，得日人保護以東，自此以文章論天下事。酣放自恣，縱横軼蕩，俚語，外國法語，韻語，排比語，及佛耶家語，信手拈來，皆所不忌，爲文體一大解放。其爲文，善於晰理，遣詞造意，毫無艱難之態，且筆端富情感，饒有誘惑力，能使讀者尋繹不倦。而所主辦之『新民叢報』，銷路每至十萬份以上，以改造中國民族爲新鮮活潑之民族，號召於國人，讀者競喜之，且仿其文體，稱之爲「新民體。」

三

新會三十以後，漫遊美洲，歸返日本，著『新大陸遊記』，欲從國民性格上根本改造，以爲政治改造之前趨，且奮其流暢明達之筆，盡量介紹歐西各國之立法、司法、行政制度、及哲學、文學、經濟學、倍根、笛卡兒、孟德斯鳩、盧梭，各家之學說，無所不包，亦無所不詳。故清民間，國人之於東西各國之學術，能得其一鱗者，固有賴於嚴幾道，馬建忠，林琴南之繙繹，而新會潛移默化之力，普及於學術界，其尤著者也。

四

清代學術，卓然成一潮流者，曰『考證學』，由考證學衍生之『新文學』運動，新會實躬與其役。蓽路藍褸，開荒披荆，凡於一種學術，一經動手，則必布極大之格局，探本尋源，徹頭徹尾，以作通盤之打算。雖然，彼嘗自評曰：『……啓超務廣而荒，每一學，稍涉其樊，便加論列，故其所述者，多模糊儱侗之談，甚者純然錯誤，及其自發現，而自謀矯正，則已前後矛盾矣。平心論之，以二十年前思想，閉塞萎靡，非用此種鹵莽疏闊手段，不能烈山澤以闢新局，就此點論梁啓超，可謂新思想界之陳涉，……』其透闢苛刻如此，無俟他人之置喙矣。

績谿胡適之嘗言：『梁先生的文章，明白曉暢之中，帶着濃厚的熱情，使讀的人，不能不跟着他走，有時候，我們跟他走到一點上，還想望前走，他倒打住了，或是換了方向走了。……』故新會之學術與思想，無時不在『變』與求進之中。『男兒志兮天下事，但有進兮不有止。』此彼之詩句，亦善變之註解，固為其所短，亦即其所長也。

五

新會亡命日本，以文章救世，又有大同學校，亦其宣傳之機關。是時，孫中山先生同客東土，所謂『四大寇』之陳少白，與新會夙極相契，頗欲拉攏孫梁合作，以救中國。且以新會言論思想，與革命主義，又極相接近，而孫先生更敬愛其才學，惟南海先生聞而大憤，至以蹈海自殺相脅迫。新會素重情感，師門恩深，未便拂然，而孫梁合作，遂成泡影。否則，以新會犀利之筆，闡揚三民主義，則三民主義之成功，豈止如是而已哉？

六

辛亥建國，袁世凱爲第一任總統，新會歸國，著『國性論』，及『中華民國憲法草案』等。時鳳凰熊希齡奉命組閣，挽新會爲司法總長，辭不就，世凱，希齡再三固迫而後就焉。未久即掛冠。民四，帝制運動發生，新會聞而嘆曰：『天下重器，可靜而不動，豈可以反覆嘗試，導政局入於徬徨歧路，則是先自壞其立脚之基礎。』於是，著『異哉所謂國體問題者』。世凱聞而懼，遣使餽十萬金，欲間執其口，謝不受。卒以密計脫其弟子蔡鍔於羈，使之赴雲南起義。

同時，亦自微服行，間關數千里而抵南寧，勸廣西將軍陸榮廷舉兵以應雲南。而廣東將軍龍濟光方受世凱封王，欲引兵西嚮，以攻榮廷，蔡鍔困於瀘州，無力應援，新會計無所出，始遣其弟子湯覺頓往說濟光，詎爲所殺，不得已，乃隻身入廣州。欲撫濟光而柔之，濟光聞其至，大驚，立召集軍事會議，佯爲歡迎，實欲藉諸會議而殺之，新會則亢聲演講，由世界大勢論及中國，歸納至世凱必敗，與會者咸嘆服，遂決定反帝制，而護共和，因此之故，護國軍無後顧之憂，卒至世凱暴殂，民國復生，將謂由新會冒萬死從羊城虎穴奪得出來者，亦非過譽。

七

袁氏殂後，黎元洪就任總統，新會原欲踐其津門送別蔡鍔『行矣勉旃，事幸而捷，吾黨毋以寵利居成功，敗則以死殉之』之諾言，然而，『樹欲靜而風來』，張勳復辟事起，民國又亡矣。新會狼狽逃天津，說段祺瑞曰：『今日之事，非公莫屬。』遂爲定大計。段氏馬廠誓師，再造共和，亦即新會護國之役後政治上之第二次成功也。被迫任財政總長，顧時逢紛亂，無所設施，徒發財政之計劃書而已。自此去職，結束政治生活，而從事學術上之發展。

民七遊歐洲，欲以人道，正義，申訴於世界，以期不合理國際間關係，根本改造，以奠定世界永久和平之基礎。惟一年間，無可實現，歸後，著『歐遊心影錄』。雖然，因此次之遊，益瞭然於西洋致富致强之道，而中國學術，以研究人類現世生活之理法爲中心，對於人生哲學及政治哲學之解答，往往有獨到之處，爲世界任何部分所莫能逮。於是，竭其心力，研究各種學術，著書在二百萬言以上。並擬創設『國學院』，編審國學叢書一百種。編輯近代歐美日本各國之學術，編裝百科總辭書，重整佛藏，續輯四庫全書，校理經史諸子百家，其『中國文化史』，已着手編著，規模宏大，前所未有，惜均未完成，而天妬其才，賚志以終，此中國學術上無可彌補之巨大損失，抑亦中華民族之不幸也。

八

新會與南海意見違異，至『復辟』及『孔敎』問題，而後益甚。惟南海病歿，親撰祭文而悼之曰：『………先生以爲理想可懸鵠於極高，而推行必取次於條貫，春秋之所以致太平，其作始乃在於據亂。若雛狗犓生以自爲功，其心術先自不可逭。況嘯聚莠民以邀功名，其去郅治之道，抑更遠甚。故怵然以破壞之不可以嘗試，而常思別用心力以消弭禍變。………復辟之役，世多以此爲師詬病，卽我小子，亦不敢曲從而漫應。雖然，丈夫立身，各有本末，師之所以自處，豈曰不得其正？報先帝之知於地下，則於吾君之子，以行吾義，栖燕不以人去辭巢，貞松不以歲寒改性，寧犯天下之大不韙，而毅然行吾心之所以自靖，此師之所以大過人，抑亦人紀之所攸託命。………』由前節之說，新會固早懸知馬克斯之徒，終必雛狗犓生，以邀功名。由後節之說，純爲復辟辯護，辯護之文，誠不易作，由難言之中，曲筆暢論，洒落自如，此作南海之定評，是誠經天地，亙萬古之文章，非新會不能致此。

九

新會才氣充沛，風流自賞，宜乎亦有韻事。己亥客檀香山，邂逅僑女何蕙珍女士，美而擅英文詞令，因挽之爲譯事，紅袖添香，青燈鬥韻，久之，示求婚意，女士知使君有婦，以文明人類，不應重婚，且稍有智識，有廉恥者，孰肯爲人之妾。新會知其志不可奪，乃爲無題詩以解嘲云：『人天去住兩無期，啼鴃年華每自疑。多少壯懷都未了，又添遺恨到蛾眉。自愧茫茫虎穴身，忍將多難累紅裙，君看十萬頭顱價，遍地鉏麑欲噬人。一夫一妻世界會，我與瀏陽實創之，尊重公權割私愛，先將身作後人師。含情慷慨別嬋娟，江上芙蓉各自憐，別有法門彌缺憾，杜陵兄妹亦因緣。』

民國十二年，新會講席由北平移南京，講授『先秦政治思想史』余時方稚年，親承教誨，竊以爲榮。而一年講畢，重返北平，遂以民國十八年一月十九日病歿於北平協和醫院，年五十有七。今余以簡短之文，記其學術、文章、政事、勳業，誠不得其萬一，而錯誤又在所難免，故不勝慚愧而惶恐者也。

九　章炳麟

一

章炳麟，字枚叔，因私淑崑山顧亭林，乃易名絳，號太炎，浙江餘杭人，生于清同治初，以民國二十五年六月十四日，病歿蘇州，享年六十有九。一生窮究六書，精研九流，早歲憂心國是，倡導排滿，獨立不懼，闇然日章，亭林以後一人而已。

二

太炎幼讀東華錄，及明季稗史，憤異族主中國，立志不仕進。外祖朱氏授以春秋大義，並詔之曰：『夷夏之辨，嚴于君臣。』太炎聞其言終身不敢忘。稍長，師事德清俞樾，所學益大進，以治左氏春秋，見知于張之洞。時之洞方督兩湖，恢廓有雅量，以獎掖天下人才爲己任。其幕友陳衍又從而揚之，遂以禮聘入幕，顧太炎高睨大談，又喜言革命，因爲武昌守梁鼎芬所忌，陳于之洞曰：『章某心懷叵測，不可重用。』諷其辭職，並餽贐儀五百兩，乃走上海，遺書陳衍曰：『之洞非英雄也。』

既抵滬，與章士釗，張繼，鄒容，時相過從，因縱論天下大事，謂吾四人，當結爲兄弟，僇力中原，容著「革命軍」一書，太炎序之，遂爲清廷所恨，因蘇報事，被逮入西獄，未引度，得免大辟。時容年方十九，亦從容投英捕房，捕頭曰：『爾乃小孩，投此何爲？』容曰：『我卽清廷要捕之鄒容也』終死獄中，此眞所謂難兄難弟，見危授命者也。

三

太炎居獄，輒陰爲香港中國時報撰論文，世人讀之，如獲拱璧。刑期滿，東渡日本，相傳日本警察調查戶口，表列職業出身，年齡等項，太炎則塡職業「聖人」

，出身「私生子」，年齡「萬壽無疆」，亦一時之趣聞。

初蒞東京，與孫中山先生，及胡漢民，汪精衞，相往還，談政論學，並爲民報社主筆，同時，梁任公先生所主辦之新民叢報，標榜君主立憲，筆鋒甚健，太炎則以種族革命相號召，針鋒相對，國人均喜讀之。亦嘗集留學生數十人爲講國學，每登座，娓娓不倦，既以新知附益舊學，而于說文尤精闢，明於文字語言之本原，而解悟獨深。惟好盛氣攻辯，談革命而批評共和，治漢學而兼稱宋儒。東漢黨人，後世所譽爲清流者也，而太炎則曰：『懶看文書，望空下名者。謂之業大志高，結黨合譽，行與口違者，謂之以文會友』。又曰：『黨人之口，變亂黑白，甚於青蠅，其視閹尹，亦齊楚伯仲之間耳。……進無補於治亂，退無迹有竹帛，街談議以爲辯，訕上謗政以爲高。……』則黨錮諸公，皆在所譏。然則，晚近黨人，才多下駟，器不絕倫，嘯聚成羣，黨同伐異，派系林立，罔顧國是，其學行不及漢人遠甚，宜其太炎詆之如寇讎。

四

辛亥革命軍興，太炎歸國，中山先生使使迎至南京，相見甚歡，及中山讓位袁世凱，黃克强主張遷都南京，俱爲太炎所不滿。是年，同盟會舉行死難同志追悼會，太炎輓以聯云：『羣盜鼠竊狗偸，死者不瞑目。此地龍蟠虎踞，古人之虛言』。其諢罵毋亦太苛刻耶？及遊武昌，見黎元洪爲人樂易，謂與民主政體最相應。及黎氏逝世，輓以聯曰：『繼大明太祖而興，玉步未更，綏寇豈能干正統；與五色國旗同盡，鼎湖一去，譙周從此是元勳。』絃外之音，令人驚異！

袁氏就任總統，曾授太炎大勳位，並任東三省籌邊使，惟徒頒虛名，不使開府，太炎憤世凱之跋扈臨民，直言極諫，悉未採納，乃掛冠去。二年，世凱使賊刺殺宋敎仁於上海，旋向四國借欵，以作肅清東南民軍之用，太炎再見世凱，與語不屈，因見幽，憤而絕食。嘆曰：『余爲國絕粒死，亦無憾！余死後，經史小學，傳者有人，文章亦各自立，惟諸子哲理。恐成廣陵散耳。』又與夫人湯國黎書曰：『不死於清廷購捕之時，而死於民國告成之後，又何言哉？……吾死以後，中夏文化亦亡矣。』相傳王揖唐見於世凱曰：『吾有勸太炎復食計。』世凱許之，揖唐見太炎問曰：『先生以項城比曹孟德如何？曰：不及孟德遠甚』。曰：『先生比爾正平如何？』？曰：『正平乃螢火之光，豈足與余比。』揖唐曰：『孟德欲殺爾生，而假手劉表，項城欲殺先生，而假手先生。』太炎默然曰：『有是理哉！遂復食。』

五

同時，夫人湯國黎亦上書徐世昌乞援，情詞懇切，傳誦都門，原書照錄：『外子好談得失，罔知忌諱，語或輕發，心實無他。自古文人積習，好與勢逆，處境愈困，發言愈狂，屈子憂憤，乃作離騷，賈生痛哭，卒以夭折，是可哀也！外子若不幸，而遽殞；生命輕若鴻毛，特恐道路傳問，人人短氣，轉爲大總統盛德之累耳。氏欲晋京侍疾，顧母年七十，風嬰癱瘓之疾，動止需人，若棄毋北上，何以爲子！

不行則外子屢病頻殆，殊難為懷，棄母則不孝，遠夫則不義，氏之進退，實為狼狽！用敢迫切陳詞，惟相國哀而憫之！乞賜外子早日回籍，俾得伏處田間，讀書養氣，以終餘年，則不獨氏骨肉生聚，感激大德，即大總統優容狂瞽，抑亦千秋盛事也。氏侍母得閒，益當勸令杜門，無輕交接，萬一外子不知戒悔，復及於戾，刀鋸斧鉞，氏甘共之。』名流高一涵亦向輿論界呼籲營救，世凱知公論公憤之可畏，乃釋太炎。遂得漫遊南洋諸島，演述祖國安危，以堅僑民之心，其於國家事，未嘗一日忘諸懷也。

六

太炎論文，薄唐宋而右魏晉，於古今文人，少所許可。居恆論曰：『雅而不核，近於誦數，漢人之短也。廉而不節，近於彊鉗，肆而不制，近於流蕩，清而不根，近於草野，唐宋之過也。有其利，無其病者，莫若魏晉』。於清人中最推重揚州汪中，並世推王闓運，吳汝綸，馬其昶，雖師事俞樾，亦致不滿。彼以為：『文生名，名生形，形之所限者分，名之所稽者理，理分明察，謂之知文。故修辭必原本小學，造辭先求訓詁』。其自視高出時流一輩，往往如此。

至其論詩，嘗曰：『唐人絕句，不用故實，詩之佳者，不須故實。』因舉唐人句，『估客晝眠知浪靜，舟人夜語覺潮生。』卽景生情，並無故實，亦佳句也。中國自古無無韻之詩，有之，自胡人史思明始，思明得櫻桃，亦作詩曰：『櫻桃一籃子，一半青，一半黃，一半與懷王，一半與周摯』。或曰：何不以懷王與周摯上下相易，則借韻矣，思明大怒曰：豈可使周摯居吾兒之上耶？今日盛行之白話詩：『你姓胡，我姓章………』，或云：『一雙蝴蝶飛上，………兩個小鳥在枝頭亂叫，………』是又思明之下矣。

七

上海文人有擬定近代文人筆語爲五十家，並以某某爲八大家者。太炎聞而不悅，致書其友云：『昨聞上海有人定文，以僕與譚復生，黃公度耦，二子志行，顧亦有可觀者，然學術既疏，其文辭又少檢格，僕雖樸陋，未敢與二子比肩也。近世王壬秋，可謂遊于其藩，猶多掩聾聲華，未能獨往。康長素時有善言，而稍譎奇自恣，僕亦不願與二賢參儷，宜刊削鄙文，毋令猥廁，太衍之數，虛一不用，亦何傷于著卦哉？……』

平生著作甚富，大多偏於左傳，諸子，訓詁，說文等，而太炎文錄，章氏叢書，尤為世人所習見。精深獨到之處，有高出前哲者，小學尤稱獨步，惟其文章，擬古太甚，雖能盡雅，而不便俗，讀者不易通曉，亦徒震其高名而已，顧早歲以文字張革命，風靡中外，講學推為大師，雖高自標置，而其言輒中肯綮，世人徒羨其訓詁之精，而忽其體國之誠，故益與世相迕，中山先生病歿天津，輓以聯曰：『孫郎使天下三分，當魏德萌芽，江表豈曾忘襲許；南國是吾家舊物，怨靈修浩蕩，武關無故入盟秦。』

晚年，潦倒蘇州，以賣文為活，又不喜作阿諛詞，故世俗亦不樂購之。開國學講習會，以授生徒，其景可知。嘗曰：『國不幸衰亡，學術不絕，民猶有所觀感，庶幾收碩果之效，有復陽之望。』斯言也，足爲讀書人之座右銘。

十一 林紓

林紓，原名羣玉，字琴南，別號畏廬，自署冷紅生，福建閩縣人。生於清咸豐二年以民國十二年卒，年七十有三。生平譯泰西名著小說百餘種，其茶花女遺事，尤膾炙人口，破除小說之舊體裁，而以古文義法繙譯者，畏廬啓之也。

畏廬年十歲受書，讀歐文，杜詩，能作慧解，稍長，得季父所藏毛詩，尙書，左傳，史記，及四部殘本，乃大喜過望，而鑽研史記特甚，爲箋註，用力頗劬。自十三歲至二十，校閱古籍，不下二千卷，强記博問，又擅畫山水，才名噪甚，爲古文，寢饋昌黎，而於桐城諸老，亦欣慕焉。中光緒壬午舉人，再應禮部試，不中，得交桐城古文家吳汝綸，與論古文義法，聲名益起。

居恆詔示學者，取逕於左氏傳，及馬之史，班之書，昌黎之文，以爲此四家，乃天下文章之祖庭。自周迄於元明，其間以文名而卒湮沒不章者何限，而左、馬、班、韓，巍然獨有千古，正以精神毅力，一一造於峯極，歷萬刼不復泯滅耳。而後人之稱昌黎文起八代之衰，此專昌黎一人之文，不屬于唐人之文也。

二

初與長樂高氏兄弟鳳岐，而謙友善，又納交同籍王壽昌，壽昌精于法蘭西文，因其口述，同譯法國小仲馬茶花女遺事行世，國人詫爲罕覯，不脛走者萬本。既而，鳳謙長上海商務印書館編譯事，約畏廬專譯歐美小說，前後共譯一百餘種，都一千二百萬言，其中多屬泰西名人著作。中國自有文章以來，以古文作長篇小說者，畏廬其始也。迻譯久而熟練，口述原文者，未畢其詞，而已書在紙，能于一時許就千言，不竄一字，見之者莫不驚爲神奇。

三

畏盧之文，工于敘事抒情，雜以詼諧，婉媚動人，實前古所鮮有，固不僅以譯述爲能事耳。故當淸季，士大夫言文章者，必以畏盧爲師法，遂以高名入北京大學主文科。平日論文，崇唐宋，亦不薄魏晉，桐城派巨子馬其昶，姚永樸繼之，號爲能述桐城家言者，面畏盧則更爲桐城派張目，持韓、柳、歐、蘇之說益力焉。迨餘杭章炳麟出，倡排滿之說，又能識別古文眞僞，不似桐城專以空文號天下，而績溪胡適之，倡文學革命，主張廢古文，用白話，斥畏盧爲桐城餘孽。故畏盧之學，一黜于章氏，再蹶于胡氏，然而，逡譯之功終不可沒也。

同時，徐州徐樹錚方爲合肥段祺瑞謀主，有文武才，爲北洋軍人之魁傑，喜桐城之學，遂引之入所辦之正志學校，一時言桐城者咸皈依之，而畏盧尤傾心焉。

四

畏盧不通西文，賴口述者而譯作，遺誤在所難免，彼嘗言曰：「急就之章，難保不無舛錯，近有海內知交校書舉鄙人謬誤之處見教，心甚感之，惟鄙人不審西文，但能筆述，即有訛錯，均出不知」。謙冲之虛懷，有足多焉。

雖然，居今口而論其文學，只知堅守桐城壁壘，在文學史上已無重要之地位。惟當海通以後，國人對于泰西各國之堅甲利兵，科學昌明，固知之矣，經林氏之譯，而因以又知西人文學之優美矣。

五

林氏譯文，婉約而富情感，誦其文者，輒爲傾倒，時閩中有名妓莊氏者，美而嫺詩詞，有詩妓之稱，顧高自標置，欲擇才人而許身，每讀林氏文，嘆賞不已，乃以詩爲贄，欲求一見，畏廬稱其詩而拒與見，莊則怏怏然！某日偶與相逢，莊妓遽前申傾慕意，畏廬則面紅耳赤，輒踧踖匿隅，終託故離去，莊常舉以語人曰：『林某言情小說，不知賺多少痴兒女眼淚，而其人乃薄情如此，眞怪物也。』或以此見告，畏廬曰：『老去詞人，風懷冷落，寧復有偎翠倚紅之想耶？』因賦詩以謝之：『不留夙孽累兒孫，不向情田種愛根，綺語早除名士習，畫樓寧負美人恩。』此與吳梅村卞玉京，一段情話，先後媲美。

畏廬晚年築書室，廣數筵，左右置兩案，一案高及脅，立而畫，一案如常，就以作文，左案事畢，則就右案，右案亦如之，食飲外，少停晷也，其友陳衍，嘗戲呼其室爲造幣廠，謂動則得錢也，畏廬雖木強多怒，輒與人迕，然而仗義疏財，遇人緩急，周濟無吝色，故人多重其風義。

嘗自作冷紅生傳有曰：『………吾非反情爲仇，顧吾褊狹善妒，一有所狎，至死不易志，人又未必能諒之，故寧自早脫也，所居多楓樹，因取「楓落吳江冷」詩意，自號曰冷紅生，亦用志其僻也。好著書，所譯巴黎茶花女遺事，尤悽惋有情致，嘗自讀而笑曰，吾能狀物態至此，寧與木強之人，果與情爲仇也耶？』故世稱畏廬多情而不好色，豈其然歟？今吾讀其『一有所狎，至死不易志』，則不禁有慨于書生之風義，非流俗所知也。

六

畏廬有自題象贊云：「紓！汝何物而敢放胆而著書？汝少任氣，人目爲狂且，汝老自奮，而託于迂儒。名爲知止，而好名之心躍如，名爲知足，而治藝之心湊如，爲己歟，爲子孫歟。吾勸汝姑徐徐而留其有餘，飽汝食，寧汝居，養心如魚，樹德如畬，豈無江與湖，寧爲馬與驢，子孫有福，寧須汝紓！」意頗參道，詞亦有趣。

十一　嚴復

一

嚴復，原名宗光，字又陵，一字幾道，福建侯官人。能以古文詞譯西籍之高深學理，旁考博證，無微不精，而究心經史百家，文章又爲天下所仰，不僅西學高居上流也已！

幾道早慧，師事同里黃宗彝，治經有家法。清同治間，巡撫沈葆楨，奉旨創辦船政，招考英髦，以儲海軍才，得幾道文，大奇之，時年僅十四耳，既卒業，從軍艦周遊南洋，黃海各地，勘量海口，迨光緒二年，奉派赴英國學習海軍，時日本亦選派伊藤博文前往就學，幾道在校，每試輒冠同學，伊藤等，瞠乎其後矣。

學成歸國，葆楨已死，無用之者。北洋大臣李鴻章聞其才，聘爲北洋水師學堂教授，一枝迴翔，難展壯志，益抑鬱不樂！且日見朝野玩愒，民心離散，而琉球又為強鄰所窺，乃大戚，常流涕以語人曰：『不出三十年，藩屬且盡，緩我等如牸牛耳。』聞者不省，鴻章亦以其危言聳聽，不之親也。

二

甲午敗績，德宗大憤，銳意變法維新，幾道以戊戌召對稱旨，退上皇帝萬言書，詳論興國大計，通達治體，而出之以至誠。詎語為王公大臣所嫉，格不得達，而政局突變，德宗被禁矣，未幾，拳匪亂作，乃避地上海，與章太炎、容閎、唐才常等創設救國會，旋遭清廷下令通緝，遂匿居租界，殫心著述。

幾道譯作，標三要義，一曰信，二曰達，三曰雅。信者不失原旨之謂，達者能以我國文字以達作者之奧旨，雅則以我國古雅文字以譯之。故幾道之作，誠合于信達雅三要義，非自誇耳。

洎至西后德宗同時逝世，溥儀繼統再行新政，以期粉飾時局，收拾人心，以幾道博學，欲起而用之，時袁世凱秉政，尤致欵欵之意，幾道却之曰：『袁氏只能做官，不能做事，如何能用我？』及世凱敗，放歸故里，幾道則又曰：『袁氏朝廷柱石，奈何自毀棟樑？』世凱聞而悅之。及復起秉政，遂聘爲京師大學堂監督，民國成立，世凱爲總統，又聘爲公府顧問，及參政，約法會議議員各職。此時幾道雖未得盡展所學，惟無復光宣間寂寞之苦矣！

三

民國四年，楊度等，迎合世凱意旨，發起籌安會，以幾道負盛名，又素不慊意于共和，因欲延其參加，以壯聲勢，往說之曰：『我以爲宜秉全國統一之機會，取法英德最良制度，改行君主憲，故擬發起一種團結，研究國體問題，請公參加。』幾道答曰：『國事非同兒戲，豈容一變再變。且稱帝稱王，聽其自然可耳，何必研究！』度再申述求其贊同，則又答曰：『足下必欲成之，僕入會爲會員，特以研究爲號召，則不能主張以必同也。』度乃起別。

翌日柬邀晚餐，則孫毓筠，劉師培，李燮和，胡瑛姓名赫然在柬，幾道辭以疾。度再訪，拒不與見，怏怏歸！忽遣使以書貽之曰：『籌安會事，實告公，乃承極峯旨，非得公爲發起人不可，固辭恐不便。』及明日，籌安會啓事出，幾道列發起人第三名，閽者報曰：『主人門前，有壯士二人，荷槍立，問之，則謂奉命前來保護也』。幾道乃大窘，不知所措，惟杜門稱病，始終未嘗履籌安會門一步。

四

梁任公時方燕居津門，聞籌安會興，乃大憤，發表「異哉所謂國體問題」一文，其論一出，風動天下，世凱即謀所以駁之者，意非幾道莫屬。乃署劵四萬元，遣內史夏壽田持以謁幾道，請爲文以折任公，幾道語壽田曰：『吾苟能爲，固分所應爾，若以貨取，其何以昭示天下，非主座見命之意也』。拒不受，壽田唯唯而退。

自此，連接要脅函，不下二十通，至以刺殺見恫，幾道籌慮數日，詣壽田而告之曰：『任公之論，吾誠有以駁之，非不肯爲，爲之有裨于事，吾寧不爲，至于外間以死生相恫赫，殊非吾所介意，吾年逾六十甘求解脫而不可得，果能死我，則吾且百拜之矣。』壽田以告世凱，世凱知其志不可奪乃止。

五

籌安會發起者六人，世所謂籌安六君子，本含有諷刺之意，所謂五人者皆有勸進之文，而楊度「君憲救國論」尤傳誦一時，獨幾道未嘗著隻字。及護國軍興，世凱暴斃，黎元洪繼任總統，通令緝籌安會首，幾道未列其中，惟在明令未頒發之先，或傳幾道亦列名，林琴南曾涕泣勸其潛遁，幾道慨然曰：『吾俯仰無愧怍，雖被刑，無累于吾神明，庸何傷！』夷然處之。然而，清望從此頓減矣。

中年以後，常自嘆恨我生不辰，無補于國，徒以文學馳譽中外，非其志也，所爲雜文，不自副稿，僅存詩三百餘首，樹骨浣花，取經介甫，偶一命筆，思深味永。其爲文，主于誠，事無鉅細，一無所苟。而其戰術，砲台，建築諸專學　反爲文章所掩。以民國十年九月二十七日病歿福州，年六十有九。

十二 陳衍

陳衍，字叔伊，別號石遺，並取其號，以名書齋，晚年自署石遺老人。對于經學、史學、文學、詩學、造詣俱深，而石遺室詩話，網羅尤富，引錄批評，亦極至當，時人稱之爲詩壇救主，信不誣也。

石遺生而奇慧，七歲讀孟子：『不仁者，可與言哉！』抗聲朗誦，父用賓，亦閩中通儒，方自外歸，聞其聲，喜曰：『此兒于書理，殆有神會！』十歲畢讀五經，左氏傳，習制舉文，獨嗜詩，日夜鑽研不倦。偶有韻語，境界超逸，與白樂天、蘇東坡爲近，稍長，輯元詩紀事，議論宏通，不拘一家之言。舉孝廉後，文名益噪起矣。

光緒二十四年，應兩湖總督張之洞辟召爲從事，居武昌甚久，時沈曾植子培，方以京曹掌兩湖書院，博及羣書，負一時之盛名，石遺持刺往謁，子培張目喜曰：『豈著元詩紀事之陳衍耶？』見而禮之，與論詩文極相契。石遺語之曰：『公愛艱深，而薄平易，則黃山谷不如梅宛陵』。時鄭孝胥，亦遊武昌，投詩索和，石遺答句有云：『著花老樹初無幾，試聽從容長醜枝』。乃復貽句云：『臨川不易到，宛陵何可追！憑君嘲老醜，終覺愛花枝！』自此詩壇始有論宛陵者，石遺倡之耳。

二

石遺居恆詔示學者曰：『要作詩，必須要多讀書，不可專在詩中討生活。』又曰：『詩莫盛于三元，三元者，上元開元，中元元和，下元元祐也。……今人強分唐詩宋詩，不知宋人皆推本唐人詩法，力破餘地耳。然若墨守舊法，唐以後之詩不讀，有日蹙國百里而已。』雖然，石遺論詩，固宗宋人，而于宋人之弊，亦嘗言之：『咸同以來，古體不轉韻，近體詩不尙聲，貌之雄渾耳。其敝也，蓄積貧薄，翻覆只此數意數言，或作色張之，非其人而爲是言，非其時而爲是言，視貌爲漢、魏、六朝，盛唐之言者，無以勝之也！余于詩，無所偏好，以爲惟其與稱耳。淺嘗薄植，勉爲清雋一二語，自附于宋人之爲，江湖末派之詩耳。』此種透闢之論，非專拾宋人唾餘者所能道得出也。

三

石遺詩學，騰譽朝野，遂以盛名應學部大臣辟召晋京，補學部主事，旋充京師大學堂文科教授。入民國，仍講學北京如故。時新會梁任公方主辦庸言雜誌，屬爲詩話，遂著「石遺室詩話，」連載至數十萬言，于古今詩派，無所不包，亦無所不容，讀之者，探本尋源，處處可通，其加惠于詩壇，不亦鉅歟！

彼論作詩，嘗引宛陵之言：『凡爲詩，必能狀難寫之景，如在目前，含不盡之意，見于言外，乃能爲至。』此乃至論。前二語，惟杜老能之，東坡則有能有不能。後二語，惟阮、陶、能之；韋、孟、柳，則有能有不能。能兼此四語者，惟有三百篇耳。

四

石遺歷任北京大學，廈門大學，上海暨南大學教授，孳孳屹屹，誨人不倦！彼以啓迪青年爲最樂之事業。故除授詩以外，輒喜讀經史、訓詁，因不僅以詩見長而已。晚年，築廬蘇州葑門胭脂橋，詩人居處，地名胭脂，亦雅亦趣。

夫人蕭道安女士，系出名門，賢而博學，著有「說文管見」、「烈女傳集注」、「蕭閒堂札記」。不幸早亡，石遺以伉儷情篤，誓不續妻，而僅置妾媵，以娛晚景耳。然以精力健壯連舉三子，故吳江金松琴有「繡褓丁寧調伏女！」之贈句，並註曰：「先生精簡書學，年七十餘，尚誕子」，卽指此而言。及其暮年，承修福建通志，創稱新體例，成六百餘卷，都一千萬言，此種精力，殆爲天授。

五

一生不諳宦情，獨嗜詩如命，取詩取人，能從度外得之。與並世怪人陳劍潭，最稱莫逆，劍潭，名澹然，安徽桐城人，但深惡桐城派文，而兀傲狂誕，自稱能爲太史公，不多作詩，偶有之，亦多骯髒語，贈石遺有詩曰：『劉表鎮荆襄，諸葛臥田畝！雅樂動九州，炎光已解紐，莽莽江漢間，曹吳爭霸地，異人久不作，世亂吾焉寄？言求當世士，幸復得石遺，石遺不作官，借箸籌當時。丈夫貴樹立，敝帚復何貴！潦倒偶狂歌，聊發雄怪氣！』石遺閱此，則爲擊節不已。

八一三滬戰爆發，乃由蘇州遷歸原籍，以老病不起，年八十有二。門人搜其遺著，得元詩紀事，石遺室詩話，詩品評議，近代詩鈔，詞詩錄，及文集十二卷，續集，三集，各一卷。此外則有尙書、周禮、禮記、說文、考工記、音韻學、史漢、通鑑、目錄學等十餘種。其生前嘗自稱曰：『生平無韻之文，無慮二三千首，教授京師各大學講經之文數百首，論文之文數百首。論史之文數百首。佐幕武昌，代草奏疏及書札數百首。賣文上海時，壽言數百首。雜報論說數百首。而少時里居課經義于書院者，不數焉。』故石遺不僅爲一代之詩家，抑亦經生也。

六

夫人蕭女士生前，嘗戲言作命名說曰：『君名衍，喜談天，似鄒衍，好飲酒，似公孫衍，無宦情，惡銅臭，似王衍，對孺人，弄稚子，似馮衍，惡殺，似蕭衍，無妾媵，似崔衍，喜漢書，似杜衍，能作俚詞，似蜀王衍，喜篆刻，似吾邱衍，喜通鑑，似嚴衍，喜今古文，尚書，墨子，似孫星衍，特未知其與元祐黨人碑中之宦者陳衍，何所似耳。請摹其字以為名刺何如？』及蕭卒後，石遺續其後曰：『中年喪偶，終不復娶，又絕似孫星衍。而非先室人之所及知也。』其篤于伉儷情，而詼諧之至有如此者也。

十三　辜湯生

辜湯生，字鴻銘，又號立誠，自稱慵人，或署漢濱讀易者，福建同安人。生于咸豐七年。與林琴南，嚴幾道同爲淸季三大飜譯家。鴻銘能以西文譯中國經典，其溝通中西文化之功更鉅也。

鴻銘幼在香港習英文，植基甚厚。稍長，留學英國，造詣益深，獲博士學位。通拉丁，希臘、德、法、英、俄六國文學，遍遊西方諸邦，又通其政藝。年三十始歸國窮究四書，五經，諸子百家，喟然嘆曰：『道在是矣』乃譯春秋，論語，中庸，爲英文，又以英文著中國政體與文官制，播諸歐美，故西人知中國學理之精，典則之當，蓋原其所譯，而鴻銘之名，遂揚溢乎中外矣。

庚子之亂，八國聯軍陷北京，鴻銘以撰「尊王篇，」申大義於天下，故和議之成，亦與有力焉。總督張之洞奇其才，辟爲幕友，旋爲外務員外郎中，擢左丞。又先後任京師大學，南洋大學教授。二十年服官講學，而與之洞之關係，始終無間。

二

平生論學，以正誼明道爲歸。嘗謂『歐美主强權，務其外也；中國主禮敎，修其內也。』又嘗謂近世有兩臣，張文襄儒臣也，曾文正大臣也，三公論道，此儒臣事也。計天下之安危，論行政之得失，此大臣事也。國無大臣，則無政，國無儒臣則無敎，政之有無，關國家之興亡，敎之有無，關人類之存滅，且無敎之政，終必至於無政也。

鴻銘好辯，善罵，孤僻頑固之習性，老而彌堅。早年遊學歐西，著長袍，馬褂，拖辮子，出入西人交際場所，怡然自得，彼不反對女子纏足，且最喜嗅女人小脚之臭味，每一嗅及，則文思勃然以興。曾作妾解，『妾者立女也，當男子疲倦之時，有女立其旁，可作扶手之用，故男子不可無女人，尤不可無作扶手之立女。方以多妻蓄妾爲耻，而彼作此解，實違反時代之潮流。

西人有問之曰：『貴國風尙，乃崇多妻，先生有說乎？』鴻銘笑而對曰：『君知衆杯翼壺之理乎？壺一而杯衆宜也；夫一而妻衆亦宜也。』西人大笑而去！，其滑稽幽默之趣，往往如此。

三

鴻銘雖精通各國文字，而究中國經典，惟于中國文章，未臻上游，故中文著作甚少，偶有散稿，亦多尊君主，薄共和，不外乎孔子學說囊括世界而已，其「張文襄幕府紀聞」一書，序中有云：『余爲張文襄屬吏，粵漢相隨二十年，雖未敢云以國士相待，然始終禮遇不少衰。去年文襄作古，不無今昔之嘅！今夏多閒，摭拾舊聞，便爾成帙，亦以見雪泥鴻爪之遺云爾。』

民國建立，悲憤彌甚，窮無所之，日本聘講東方文化，留日十數年始歸，旋卒，年七十有二，時民國十七年也。孫中山先生嘗云：『中國有三個半精通英文者，一個辜鴻銘，一個伍朝樞，一個陳友仁。』還有半個未說明，殆先生自況也耶？

十四 鄭孝胥

一

鄭孝胥，字太夷，別號蘇堪，一稱蘇盦，福建閩縣人，取東坡：『萬人如海一身藏』詩。意以名其樓曰：「海藏樓」。中光緒壬午秋闈第一，即舉人首榜解元。

太夷幼工五古，規撫靈運，三十以後，稍肆力七言，而服膺荊公。思深氣遒，骨力堅強，無一字涉及凡俗，外枯而內膏，語質而韻長。張之洞見其詩，驚曰：『鄭蘇堪是一把手！』太傅陳寶琛贈句云：『蘇盦詩如人，志潔旨彌敻。』其推重至矣。

生平自負有經世才，好奇計，喜談兵，雄辯能折人于廣坐之中。清末以道員授四品京堂，統湖壯武建軍督辦廣西邊防，著短衣，親歷戎行，教士卒把靶，坐鎮兩載，邊境肅然，嘗自豪曰：「何意以詩人而爲邊帥？」以光緒三十一年乞罷歸江南，僻居南京陋巷，人不堪之，而太夷不改其樂。

二

清廷念其勞，以安徽按察使，廣東按察使徵，皆不起，宣統改元，東三省總督錫良，亦有志于邊事，太夷至，與籌大計，而疏上不報，乃悒悒南歸，仍理舊業。

太夷詩成，則不改竄一字，與陳石遺書曰：『骨頭有生所具，任其支離突兀也。』偶有句云：『一生孤注恐全非！』其倔强可見焉。嘗與南通張季直夜坐吳氏草堂有詩云：『一聽秋堂雨，知君病漸蘇，欲論十年事，庭樹已模糊。』又有吳氏草堂兩絕句云：『雨後秋堂足斷鴻，水邊吟思入寒空，風情誰似霜柏好，一夜吳霜照眼紅，水痕漸落霜漁汀，禿柳枝疏也自青，喚起吳興張子野，共看山影壓浮萍。』石遺見此，喜曰：『韋蘇州之獨憐幽草，蘇東坡之竹外桃花，不是過也』。

三

沈文肅葆楨，曾受曾氏兄弟保荐，而終與國藩國荃齟齬。時論多非之，而太夷過文肅祠堂反有詩以褒之曰：『入洛往曾依肅毅，遊吳晚及接忠襄，若憑目擊評風節，時論年來有短長。』又題文肅扇面云：『不帶湘淮惡習來，眼中此老自崔巍，道因碑外儒酸味，君實原來是秀才。』詩中肅毅指李鴻章，極稱葆楨在曾李之上。後詩比之司馬光，可謂推崇備至矣。及聞葆楨在兩江總督任內殺戮甚衆，則又反褒爲貶云：『濫刑則不仁，近名則不義，奈何以儒生，而欲爲酷吏。』對事不對人之精神，昭然可見。

太夷詩文之外，喜作字，筆力挺秀，而瘦硬特甚！深合杜老：『書貴瘦硬方通神』之說。其書原本東坡，而加以變化，以成一家之作，五十年來無出其右者。及清遜帝溥儀受日人勢誘，僭號東北，太夷爲首任總理大臣，世人指爲漢奸，然而，丈夫立身，各有本末，較諸朝秦暮楚，二三其德者，不可同日語也。

十五 樊增祥

一

樊增祥，字嘉父，號雲門，別號樊山，湖北恩施人。論詩以清新博麗爲主，工于隸事，巧于裁對，自負爲一代詩伯。早歲規撫隨園，甌北，晚年究心晚唐，張之洞稱其近體詩爲名世之作。非過譽也。

二

樊山天性敏慧，美姿容，髫齡即卓犖異羣兒，父爕，官副將，以嗜酒誤事，巡撫駱秉章將劾之，而湖南舉人左宗棠方佐秉章幕，綜理軍政。往謁乞解，伏地拜，宗棠不答禮，且詬讓之。爕以武官至紅頂矣，亦還詬，終被劾罷官。歸召其子曰：『一舉人如此，武官尚可爲耶？汝不發奮得科第，非吾子也。』樊山感而刻苦工讀，卒中光緒丁丑進士，入翰林院，出補縣令，善聽訟，樊山判牘，膾炙人口。累官至陝西藩台，江蘇布政使，頗負一時清望，殆得力於庭訓者耶？

總督張之洞七十壽辰，樊山方布政陝西，乃以儷體文二千言爲壽，用電報，分日拍發，中有驚句云：『不嘉其謀事之智，而責其成事之遲，不諒其生財之難，而責其用財之易。』蓋之洞志大而謀遠，任督撫四十年，每有興作，耗費巨萬，一時有國家敗子之稱，此文極盡斡旋之能事，故之洞大聲朗誦，擊案而呼曰：『雲門眞可人哉！』當時幕府人才濟濟，而之洞最賞識者，惟樊山與梁鼎芬兩人耳。

三

陝甘總督升允，滿洲人也。諭調能文之縣令到督署司文案，例由藩台指調，樊山乃復拒之，略謂：『諸令俱陝省幹令，均在任所，倘畀方殷，不能更調。至若文章之事，則本司雖老，猶日試萬言，倚馬可待。……』升允閱及不悅曰：『吾令僚屬，無梗命理，且雲門於我，豈能稱老？』自此即有芥蒂。旋以某案，又相齟齬，樊山竟專摺奏，軍機大臣驚曰：『樊增祥居然敢奏上官！』遂留中不發。升允聞之大怒！終因鹽官貪汚案，奏劾樊山，果革職，交四川總督錫良查辦，遂狼狽離陝矣。後經張之洞特保，始開復原官，授江蘇布政使。

四

樊山自負甚高，對於並世詩人，少所許可。有某甲者。自詡能詩，每對之誦其所作，樊山久而不耐，嗤以鼻曰：『君詩多不諧韻，且誤用故實，於他人尙不應如此，矧向老夫賣弄，尤可不必！』某則面赤而謝曰：小子學殖荒落，以致如此。樊山撫掌大笑曰：『田無一草，不得言荒，樹無一果，奚所用落，君胸無點墨，乃無草之田，無果之樹，何荒落之有哉？』甲不勝慚怒而去樊山不之顧也。

五

傅彩雲，又名賽金花，蘇州名妓也，艷聲噪江左，自爲洪文卿殿撰簉室，寵以專房，曾隨使節駐英倫，歸後未久而寡。八國聯軍陷北京，一度與統帥瓦德西有染，侍居北京儀鸞殿，樊山賦前後彩雲曲以張之，讀者比之吳梅村圓圓曲，嘉興沈曾植以爲的是香山，不僅梅村而已。

樊山詩才雄捷，歡娛能工，不爲愁苦之詞。自言雖師事張文襄，李越縵，而詩不與相同，喜爲艷體，謂可駕冬郎，疑雨集不足道也。案頭詩稿，用薄竹紙訂百餘頁，不數月又易本矣。侯官陳行輯近代詩，以樊山之詩多而選難，乃選其艷體而爲辭曰：『後人見雲門詩者，不知若何翩翩年少，豈知其青癯一叟，旁無姬侍，且素不作狹斜遊者也。』生平見人用眼前習見故實，輒呵之曰：『此乳臭小兒也！』作詩萬首，以律詩居其什九，次韻疊韻尤多，無非欲從艱難之中，而臻奇巧，以見工力耳。

六

居恆爲詩，雖取逕中晚唐，晚年亦偶爲宋詩。嘗有與鄭孝胥冬雨劇談之作，瘦硬似孝胥，孝胥樂而和之，備致傾倒之辭。錄其一云：『久於南皮坐，習聞樊山名，老矣始一見，趙璧直連城，落筆必典贍，中年越崢嶸！才人無不可，皎若日月明！春華終不謝，一洗窮愁聲。南皮夙自負，通顯足勝情，達官兼名士，此秘誰敢輕！晚節殊可哀，祈死如孤惸。其詩始抑鬱，反似優平生。吾疑卒不釋，敢請樊山評。』論者謂能傳樊山之生平，不徒別此日之詩派而已。

樊山喜用僻典，緝裁巧密，至讀者不易索解。而有時亦作輕鬆雋爽之句，如都門七夕一律云：『可是神仙王子喬，夜遊燕市紫騮驕，天邊玉女年年淚，地上銀河處處橋，夫婦有情如此水，古今無價可憐宵，上京歌舞人如海，勝看錢塘八月潮。』此在樊山作品中尚不多見。

七

樊山論詩每語于八曰：『向來詩家率墨守一先生之集，其他皆東閣不觀。如學杜，韓者，必輕長慶，學黃陳者，卽屏西崑，講性靈者，則明以前之事不知，爭還體者，則唐以後之書不讀。不知詩至能傳，無論何家，必皆有獨到之處，少陵所謂『轉益多師是我師』也。人所處之境，有台閣，有山林，有愉樂，有憂憤。古人千百家之作，濃淡平奇，洪纖華樸，莊誇歛肆，夷險巧拙，一一兼收並蓄，以待天地人物形形色色之相需相感。吾卽因以付之，此卽所謂八面受敵，人不足而我有餘也。所蓄旣富，加以虛衷求益，句煆季煉，而又行路多，更事多，見名人長德多，經歷事更多，合千百古人之詩，以成吾一家之詩，此則樊山詩法也。』透闢之論，句句從體會中道出，洵足爲學詩者之津梁也。樊山以民國二十年三月十四日，卒于北平，年八十有六，遺詩三萬篇，眞一代之名作也。

十六 易順鼎

一

易順鼎，字仲碩，一字實甫，號眉伽，署懺綺齋，晚號哭庵，湖南漢壽人，詩才綺絕，工於駢文，與樊樊山稱詩壇兩雄。而實甫豪情盛概，急國家之難，至不顧身，又疑在樊山之上矣。

二

實甫天姿奇慧，有神童之目，年十四，補諸生，中光緒丁丑舉人，只十七耳。早年刻詩詞各一卷，署曰「眉心室悔存稿。」其七言警句云：『生來蓮子心原苦，死傍桃花骨亦香。』『秋月一丸神女魄，春雲三摺美人腰。』『寸管自修香國史，萬花齊現美人身。』『僕本恨人猶僕僕，卿須憐我更卿卿。』皆傳誦一時，稱曰才子，名副其實。

父佩紳，累官至江蘇布政使，亦有賢聲，江淮人士，至今猶能道其實也。實甫秋闈報捷，應禮部試，取道江南，嘗乘單騎，冒大雪遍訪金陵六朝遺跡，一日中成金陵雜詠二十首，有句云：『地下女郎多艷鬼，江南天子半才人。』『桃花士女桃花扇，燕子兒孫燕子箋。』『衰柳綠連三妹水，水楓紅替六朝花。』亦皆綺艷絕倫。

恩施樊樊山，自負爲一代詩伯，從不輕許別人作品，獨誦實甫初至關中詩，則傾倒備至！如：『翠華西幸周王駿，紫氣東來李叟牛。』『關百二重秦代月，宮三十六漢時秋。』又如詠古之作，諸葛孔明一聯云：『萬牛回首因龍臥，三馬驚心爲虎來。』此外詠楚霸王項羽云：『二十有才能逐鹿，八千無命說從龍。咸陽宮闕須臾火。天下侯王一手封。』如此則拔山蓋世之雄，活現于紙上矣。

三

甲午中日大戰起，我軍敗績，大學士李鴻章與日本訂馬關條約，賠款，及割臺灣等地以議和，台民反對，乃成立台灣民主國，推巡撫唐景崧爲大總統，劉永福爲大將軍，羣謀抗倭，時實甫方爲兩江總統劉坤一幕友，冒死上疏論國事，並痛劾李鴻章誤國之罪。朝野咸驚佩其高節奇文，言人人所欲言，言人人所不敢言也。然而，大勢已去，疏上不省。實甫憤志之不遂，乃慷慨墨經請從戎，泣陳于坤一曰：『吾願隻身入虎口，幸則爲弦高犒師，不幸則爲魯連蹈海。』坤一壯其志，並贈以金。

既抵廈門，台之敗兵方湧至，景崧已微服出走，大將軍劉永福，及台名士丘逢甲尚困守台南，台中，實甫不避艱危，逕馳台南，爲籌大計，旋返南京，武昌，乞援于張之洞，譚繼洵，之洞雖壯其志，奇其才，而終無以爲援，實甫再渡台灣，而局勢更糟矣。一時誤傳已殉國，其友王夢湘編修輓以兩聯云：『揮不返魯陽日，補不盡女媧天，入夜海門潮，白馬素車，穿胸靈胥同一慟；生無負左徒鄉，死無慚延平國，思君廬山月，青楓赤葉，讀書狂客好重來。』『一萬里倉皇風鶴，徧求援師。此志竟無成，晞髮咸池，去矣排空訴閶闔，二十年追逐雲龍，頓悲隔世，吾生亦何樂，側身天地，淒涼隕淚看神州。』友情之深，憂國之痛，此二聯兩兼之矣。

四

實甫以台事無可爲，徬徨悲憤，張之洞電囑離廈門，迫之甚急，不啻十二金牌也。其友陳三立，亦勸速返，乃脫身歸，時論推爲氣節功名之士。年三十，以同知候補河南，未大用，而志氣牢落，有句云：『三十功名塵與土，五千道德粕兼糠。』沉滯無所事事，遂棄官，漫遊名勝，登匡廬，築琴志樓居之，若將終焉。及喪母，乃作哭庵傳以見志。王壬秋讀之，貽書規曰：『僕有一語奉勸，必不可稱哭庵，上事君相，下對吏民，行住坐臥，何以爲名？臣子披昌，不當至此！若遂隱而死，朝夕哭可矣！且事非一哭可了，況又不哭而冒充哭乎……』

張之洞時總督兩湖，極愛其才，又傷其不遇，乃招入幕，畀以兩湖書院講席，雖未稱意，而閒則輒爲喚醒民族之詩歌，以播抗日之種子，其意氣之盛可見焉。惟惡之洞喜標榜，好佞諛，嘗戲綴俚語以贈之云：「三十三天天上天，玉皇頭戴平天冠，平天冠上豎旗竿，中堂坐在旗竿巔。』之洞見之，掀髯大笑，不以爲怪也。

光緒二十五年，以大臣專保，召見，意態發舒，有紀恩詩云：『金擲民膏二萬萬；珠含天淚一雙雙』時西后以中日戰敗，賠款鉅萬，輒為淚下，此聯盛傳都門，以兩萬萬句，極不易對，而實甫以一雙雙對成，可謂神通狡獪之至矣。旋出任廣西右江道，將離都有句云：『新詞欲賦賀梅柳，他日應呼易柳州。』因右江道，為柳州也。既抵官，無所展布，終為兩廣總督岑春煊劾罷，遂以不振，而益肆力于詩。

五

實甫詩才奔放，獨步一時不似樊山喜用僻典，而所引用者，皆為人人所熟知。惟詩境善變，初學大謝、學杜、學韓、學元、白，幾至無所不學，尤為學晚唐溫，李為著，所刻詩，自眉心室悔存稿以外，集名甚多，而以四魂徵為最所自喜，嘗語人曰：『余所刻四魂集，譽之者滿天下，毀之者亦滿天下，湘綺樊山皆毀之者也：……詩以對為工，乃作詩之正宗，凡開國盛時之詩，無不講對屬者，如唐之初盛，宋之西崑，明之高劉皆然。自作詩者不講對屬而詩衰，詩衰而其世亦衰矣。』其一生巧于裁對，即此可見。

實甫中年以後，日以詩詞寫其牢騷，誨淫之作，亦復不少，自以玩世不恭，與袁世凱次子克文，深相投契，譚讌頻繁，幾如楊修之與曹植也。迨世凱死後，克文狼狽南遁，而實甫亦侘傺失意，浮泊京華，放蕩益甚！又以術士謂其壽不過五十九，乃賦句解嘲曰：『焉知餓死但高歌，行樂天其奈我何，名士一文値錢少，古人五十蓋棺多。』果以民國五年卒，年五十有九。

先是潦倒都下時，相傳愛女伶劉喜奎，每日必過其家，入門則狂呼曰『我的親娘，我又有來了！』甚至贈句云：『我願將身化爲紙，喜奎更衣能染指，我願將身化爲布，裁作喜奎護襠褲。』其傾倒如此。劉成禺洪憲紀事有云：『騾馬街南劉二家，白頭詩客戲生涯，入門脫帽狂呼母，天女嫣然一散花。』卽詠此事也。夫以實甫天挺奇才，不獲大用，而寄情詩詞女色，亦可悲矣！自來英雄、豪傑、名士、才子，未有不好女色者。然而，大節卓然，細情小節，出入何妨！所謂和氏之璧，不能無瑕，隋侯之珠，不能無纇，而天下寶之者，不以小故掩其大美也，豈實甫之謂歟？

十七 陳漢章

一

陳漢章，字伯弢，一字倬雲，浙江象山人，生於同治二年，副貢舉人。受業德淸俞曲園，與章太炎同門，均爲俞氏高足。長經史考據之學，歷任北京大學教授，中央大學教授，史學系主任。羅家倫撰傅斯年行狀，曾敍及其師陳氏之學，稱道不置。

伯弢爲象山世家，父紹堯，茂才，課子甚嚴，故幼秉庭訓，博覽羣籍，六十年如一日。記憶力特強，過目不忘。師生朋友質疑，隨問隨答，不加思索。在北大授課時，每以筆代口，於黑板上書字，洋洋千萬言，俱出自記憶，從不帶鈔本，諸生退課，查對原書，無一字錯誤者，因有『兩脚書櫥』之綽號。

二

伯弢胞弟畬，字宇香，亦通經學，兼擅詞章，成進士，供職吏部，而伯弢則澹泊名利，專心治學，絕意仕進。同年友湯壽潛屢薦於政府，均婉辭。前京師大學堂總監督劉廷琛慕其學行，聘爲教習，則謙辭不就，願入校爲學生，一時傳爲佳話，劉氏嘉其志許之，每於點名，必表示敬意。時教授有桐城姚永樸，永概，吳縣胡玉縉，均一時之彥，每講時輒問伯弢曰：『此說對否？』

畢業後，校長何燏時之父，亦素敬其學，特函燏時聘爲教授，在北大任敎十六年，以年老辭，南返故里，中央大學特派代表赴象山邀請，辭不獲，又任中央大學史學系主任六年。綜其一生精力，完全貢獻於文敎矣。

三

伯弢任敎北大，校長蔡元培每遇日本漢學家來校訪問時，必邀其列席，以備諮詢，其他學人有關學術上之著述請蔡氏作序者，亦多屬伯弢評閱並代爲序，其見重者如此。

鄞縣張壽鏞刋「四明叢書」，及爲其父編「困學紀聞校刊」，亦就正於伯弢，爲補正之處甚多。學部尙書唐春卿好著述，每有疑問，必來請益，王先謙著「漢書補注」，柯鳳蓀著「新元史」，馬其昶著「大學中庸論孟注解」，丁謙著「地理」，亦時專函質疑，伯弢則一一條答，毫無隱秘。姚永樸自謂於說文音韻之學有志未逮，問敎於伯弢，則爲著「文字學概論」都七千言以報之。蘄春黃侃同時掌敎北大，深佩伯弢淹博，不以同事相待，執弟子禮甚恭。

四

伯弢一生著述一百餘種，三十歲時，有「綴學堂初稿」，七十歲時，有「綴學叢書十種」，均爲木刻，親自校對。嘗謂：『學問與時俱進，前撰之稿，後覆核，每須更正，故凡著作，應由後人代印爲妙。』因此未刊之稿甚多。

伯弢藏書甚富，且多爲熟讀之籍。病歿前，悉出其所藏付與象山東陳村之藏書樓，供衆閱覽，惠被士林，抑更多也。以民國二十七年夏月病歿故里。國民政府以其爲一代經師，頒令褒揚，稱爲「浙江名儒」。學術界失此大師，識與不識，莫不同聲悲悼也。

十八 蘇玄瑛

一

蘇玄瑛，原名戩，字子穀，號曼殊，小字三郎，廣東中山縣人，光緒九年生於日本橫濱。天才清逸，精通英文、法文，深習內典，擅繪事，所爲詩亦超曠絕俗，寄託綿邈，有香草美人之遺意，殆非塵士下士日勞於楮墨間者所能企及者也。

二

曼殊生母若子，不詳其姓，日本人，年十九爲僑日商中山蘇傑生之女僕，傑生見其胸前有紅痣，據相法應生貴子，遂與苟合。旣懷孕僞爲辭工而去，別居橫濱，生曼殊，未三月卽辭去不復返矣。傑生因將曼殊託日人河合氏撫養，故終曼殊之身，不知非河合氏所出也。

傑生國內固早娶婦生子矣，既得曼殊，遂並河合氏挈同歸國，時曼殊僅五歲耳。居三載，河合氏不見容於蘇婦，乃返日本，曼殊因獨留依父居，蘇婦妬之甚，而蘇氏族人亦以其爲日女生，異類以視，羣擯斥之，故曼殊幼時已極人生最悲慘之際遇。

三

曼殊既不容於家族，乃受父命，就學香港，從西班牙羅弼氏，莊湘處士習外交，莊湘愛而勤誨之。學兩載，仍遄歸，蘇婦待之益虐。年十二遂爲沙門，始從慧龍寺主持贊初大師披鬀於廣州長壽寺，法名博經，旋入博羅，坐關三月，詣雷峯海雲寺，具足三壇大戒，以師命再返廣州。亡何，乃東渡日本，省母河合氏，居神奈川，始習泰西美術於上野二年，習政治，法律於早稻田三年，皆無成。清廷使臣汪大燮見而奇之，復憫其遇，乃資助習陸軍八閱月，卒不屑竟其所學。

故師莊湘資助遊暹羅，從喬悉磨長老究心梵章二年，因著「梵文典」八卷，遂盡通梵漢及歐羅巴典籍。嘗謂：『世界文字簡麗相俱者，莫若梵文，而梵文典籍閎雅，莫若摩訶婆羅多，羅摩衍那二章，爲長篇叙事詩，雖吾國之孔雀東南飛，北征，南山諸什亦不足比其閎美也。』

四

未幾，至上海，從陳獨秀，章太炎，行嚴遊，爲國民日報社翻譯法人嚣俄書，名曰：「慘世界」，獨秀爲之潤色。蓋曼殊雖博學，而初不工於詞藻，造句多乖律令，獨秀，太炎勤勤啓迪，不啻師之於弟。而亦時從學詩，於是曼殊文學之天才，始濬發無餘矣。在此數年中，亦時與文士劉師培，柳亞子，及革命黨人汪精衞、葉楚傖、戴天仇、邵元冲、田梓琴等相往還。

旋赴蘇州，任吳中公學敎習，繼渡湘，登衡岳，以弔三閭大夫。主實業，崇正，明德，經正各校講席，授課以外，輒終日杜門靜坐。忽一日，手筇杖，著僧服而出，謂遊衡山，則飄然去矣。重遊暹羅，主講盤谷青年學會，遂撰「法顯佛國記」

，「惠生使西域記」兩書。乙巳赴南京，時池縣楊仁山方創設「祇垣精舍」，延曼殊爲講師，則大喜過望。不久發嘔血疾再東歸省母，餘時輒嘯傲山林，一日夜月泛舟中禪寺湖，歌哭拜倫哀希臘篇，歌音與流水相應，不絕如縷，蓋哀中國之不振，而以拜倫身世自況也。

五

曼殊嘗與黃侃同譯拜倫詩，而意趣所寄，尤在哀希臘，去國行各篇，並經太炎潤刪以成篇章。又嘗譯英人師梨去燕篇，皆以五言出之，辭尚典則，彷彿晉宋，顧好故作虛神，實乏遠味，且多淫麗之詞，所謂儁人之作，而非大家。

集中有題拜倫，師梨兩絕句云：『秋風海上已黃昏，獨向遺篇弔拜倫！詞客飄蓬君與我，可能異域爲招魂？誰贈師梨一曲歌？可憐心事正蹉跎！琅玕欲報從何報，夢裏依稀認淚波！』嘗謂：『拜倫猶中土之李白，天才也。師梨猶中土之李賀，鬼才也。』旋任譯學會譯師，又嘗助劉師培辦「天義報」，倡無政府主義，譯刊拜倫詩選，復爲「廣潮音」一書，又撰「文學因緣」，但亦僅成其半耳。

六

南遊星加坡，遇故師莊湘處士，及其女雪鴻於舟次。初莊湘欲以雪鴻妻曼殊，答曰：『吾證法身久，辱命如何？』顧猶時以文字寄情欵耳。據「斷鴻零雁記」所載之靜子，亦與有攸久之情愛。相傳曼殊雖好狎昵女色，而不及於亂，殆多情而不好色，林琴南之流亞耶？

詩中無題，本事，寄懷諸什，纏綿悱惻，其佳者可溯晚唐，如：『玉砌孤行夜有聲，美人眼淚尚分明。莫愁此夕情何限，指點荒烟鎖石城。禪心一任蛾眉妬，佛說原來怨是親。雨笠烟簑歸去也，與人無愛亦無嗔。碧玉莫愁身世賤，同鄉仙子獨銷魂，袈裟點點疑櫻瓣，半是胭脂半淚痕。』皆哀艷欲絕之句。惟少年和尚袈裟上有胭脂痕，不亦太風騷耶？

七

民國建元，航海來歸。臨時大總統孫中山先生，初亡命日本，與有雅契，及是建都金陵，一般革命份子，皆乘時得位，爭欲致曼殊，曼殊曰：『山僧日醉卓氏爐前，則亦已耳，何遂要山僧坐綠呢大轎，與紅鬚碧眼兒爲伍耶？明末童謠　曰：「職官賤如狗，都督滿街走。」不圖今日滬上所見亦復如是！南雷有言：「人而不甘寂寞，何事不可爲！」「籠雞有食湯刀近，野鶴無糧天地寬。」堪爲今日名士痛下鍼砭耳。』

亡何，章太炎持節爲東三省籌邊使，意氣洋洋，甚自得也！曼殊則語人曰：『此公興致不淺，知不慧進言之會未至，不欲見之矣。』太炎聞而不怪，且稱之曰：『廣東之士，儒有簡朝亮，佛有蘇玄瑛，可謂厲高節，抗浮雲者矣，若夫黃節之徒，亦其次也。』

八

曼殊工愁多病，顧健飲啖，日食摩爾登糖三袋，謂茶花女酷嗜此物，又嘗一日飲冰五六斤，比晚不能動，人以爲死，驗之猶有氣，明日復飲如故，以是得腹疾。曾於市間遇美利堅肥女重四百磅，脛大如汲水甕，曼殊顧而謂曰：『求耦耶？安得肥如君等者？』女曰：『吾固欲瘦人！』曼殊曰：『吾體瘦，爲君耦，何如？』其他行逕，往往類此。

一生孤標自賞，不儕流俗，不合汚世，而遭逢際遇，則有難言之隱。所爲詩，七絕特多，小札亦清新可誦。以民國七年五月二日，病歿上海，年三十有五。其友汪精衞爲營葬於杭州西子湖畔，旣歿之十年，吳江柳亞子始搜其遺著，旁採博證，以成全集，於是曼殊詩文詞乃得大白於後世矣。

十九 劉師培

一

劉師培，原名光漢，字申叔，江蘇儀徵人。少承先業，服膺漢學，經史諸子百家語，無所不通。文章雄麗，步武齊梁，與餘杭章太炎並以古學名世。雖參籌安會之列，而不可掩其學也。

二

儀徵劉氏，三代傳經，俱以左傳春秋，蜚聲道咸同光之間。申叔幼承庭訓，用力尤劬，顧書生好大言，負所學以自岸異，不安儒素，而張皇國是，誦說革命，微詞諷論，一一託之於文字。清末與章太炎，黃季剛，陳去病等，組織「國學保存會」於上海，發行「國粹學報」，借名研究學術，實則鼓吹革命，而申叔所著「攘論」，及「中國民族誌」，尤爲當時所傳誦。及太炎下獄，恐受株連，乃亡命於日本。

是時兩江總督端方，雅重文士，而於革命黨人，亦喜以溫和手段對付，因慕申叔高名，乃使使致敬慕意。申叔夫人何震，擅交際，悍銳能制其夫，以亡命久，浩然有歸志，遂與端方通欵素矣。黨人聞而大憤，指爲滿臣之偵探，申叔因挈眷歸國，竟入兩江之幕矣。

三

太炎聞此甚憤，致書諷勸，不報。旣而，端方罷，申叔亦惘惘失意，則去而之川，爲國學院講師。及革命軍興，川人殺端方，並囚申叔亦將殺之，太炎以書爲解，有『若殺劉申叔，則中國讀書種子亦絕矣』語。及獲釋，又爲介紹充北京大學文科敎授，介書中有言：『劉生儒林之秀，使之講學而不論政，亦足以歘明國故，㶅廸後生，未可以一眚而廢也。』

民國建立，袁世凱爲第一任大總統，既而，帝制自謀，參政楊度以申叔負盛名，因邀爲籌安會發起人。嘗著「君政復古論」，時人比爲楊雄之「劇秦美新」。迨世凱敗殂，而申叔之望，亦隨並墮矣。然以文章古雅，又有「書獃子」名，人亦以此多之，而不加以深究。

四

申叔蹇滯都門，意態蕭瑟，嘗爲揚雄傳後五古一首，亦聊以解嘲耳。詞云：『

荀孟不復作，六經秦火餘。篤生揚子雲，卜居近成都。文學窮典墳，頭白窮著書。循循善誘人，門停問字車。法言象論語，太玄開潛虛。反騷弔屈原，作賦比相如。訓纂辨蝌蚪，方言釋蟲魚。雖非明聖道，亦復推通儒。紫陽作綱目，筆伐更口誅。惟據美新賦，遂加莽大夫。吾讀華陽志，雄卒居攝初。身未事王莽，茲文得無誣。雄本志澹泊，何至工獻諛？班固傳信史，微詞雄則無。大醇而小疵，韓子語豈疏？宋儒作苛論，此意無乃拘。吾讀揚子書，思訪揚子居。斯人今則亡，弔古空躊躇？」

申叔年未四十，而著述甚富，儻天假以年，其遺惠於學術界者，或不在太炎之下矣。以民國八年十一月二十日卒，年僅三十有六。生平文章之譽，掩其學術，復以捲入政海，以致憂傷而折。然則中國學人才士，誤於政治者，又豈止申叔一人而已哉？

二十一　黃侃

黃侃，字季剛，別號病蟬，一署病禪，湖北蘄春人。受業餘杭章太炎，稱高足弟子。精音韻學，文法晉宋，亦晚清文壇之翹楚也。

季剛幼讀書，有神悟，父雲樵爲鄂中名翰林，博通經史百家，故其得力於庭訓者甚多也。早歲盛氣凌人，相傳避地日本時，與太炎適同寓一樓，偶便溺流入樓下，太炎大罵，亦報之以罵，因罵而相識，談國學，始知其淵博絕倫，非己所及，自是折節稱弟子。

太炎於古今人，俱少許可，獨稱季剛曰：『清通之學，安雅之詞，舉世罕與其匹，雖以師禮事余，轉相啓發者多矣。』入民國後，任北京大學教授，講說文，解剖精深，而學生殊少心得。相傳每當學期考試，試卷多不及格，諸生苦之。後偵知季剛好冶遊，乃集資假妓院置酒以待，季剛欣然蒞止，自是考卷多及格矣。校長蔡元培聞其事責之，季剛曰：『彼等尙知尊師重道，故我不欲苛求。』蔡氏亦無可如何！

二

季剛任南京中央大學教授時，薪入較豐，生活亦甚暇豫，顧有好書癖，得金輒以半數購書籍，築廬於古台城下，藏書滿樓。五十誕辰，太炎壽以聯云：『韋編三絕今知命，黃絹初裁好著書。』不謂壽觴甫過，遽而物化，學術界亦大有損失也。

平生著述，積稿繁富，其於說文爾雅，考證尤精，凡數百萬言，散文詩詞，亦多性情語。有貽弟子某七律一首云：『盡除粃糠繼雅聲，眼中吾子快平生。要將松玉推靈運，頗有江山助屈平。濁酒君須來寂宅，偏師我欲撼長城。異材難得宜培護，祝爾終能紹往英。』婉約中而有豪宕氣，學人之詩也。

三

季剛對並世文人，最稱梁任公之流暢，章行嚴之典雅。惟行嚴佐合肥段氏時，有人假季剛名撰文詆之，季剛致書行嚴曰：『近見報載侃謗公之文，固有不便於公者爲之，然而，必不出之侃也。卽今民德澆漓，士習侜張，就此一端，可以推見。公居政地，有牖民匡俗之責，覩此橫流，憂勞其曷能已乎？侃固非有干於公，慮得罪於從者，然人不可妄毀，亦不可妄得毀人之名，故致書一白中誠。………』每覩前輩於友朋風義之際，從不稍忽，何以時至今日，人心轉詐，士風轉薄？豈眞物質進步，而道德反墮落耶？此眞不可解者也！

二一 趙熙

趙熙，字堯生，別署香宋，四川榮縣人。庚寅進士，嘗以奏劾郵傳部尚書盛宣懷借欵籌路一案，直聲震動朝野。工詩，不分宗派，純任自然，境高句奇，有抉天心，探地府之妙，誠一代之名家也。

堯生詩古文詞，造詣俱深，由翰林院編修轉任江西道御史，時尚書盛宣懷向英、美、德、法、借欵築路，實則已喪失路權。堯生奏劾宣懷賣國罪，義正詞嚴，朝野爲之驚駭！而全國反對鐵路國有之風潮，亦隨爆發而不遏止矣。卒至武昌首義，清室以覆。

民國建元，堯生避地杭州，杜門謝客，旋歸故里，從此無復問世之意，時則遊山尋勝，時則吟詠臨池，藉以消磨無聊之歲月耳。

二

詩自唐宋以來，江河日下，清代作者，名家甚少，降及末世，王湘綺，李越縵，樊雲門，易哭庵，陳散原，鄭蘇堪爭鳴於世，而堯生崛起蜀中，亦稱霸一時。平時積稿甚富，不知者以爲從苦吟中鍛練而出，殊不知皆脫口而出也。

居恆言曰：『吾三十以前學詩，三十後顓治小學，古文，年近五十又學詩。文章高下之境，一一懸量胸中，求以自立，乃知世之馳逐虛聲者，正墮苦海也。有知以來，荷交海內通人，其性好大都不一。今老矣，追數一生，仍以仁者爲難。』雖暮年以遺老優遊山林，而蜀之人，殆無不知其爲一有道德，有學問，有聲望之大人物也。

三

四川頻年內戰，爭霸爭雄，兵連禍接。然每有戰事，各軍首長，咸諭士卒曰：

「趙老先生居處，應保護不可驚擾。」東漢大儒鄭康成居所，黃巾賊相戒不敢入，不圖又重見於今日矣。新會梁任公夙慕堯生之風格與詩文，顧以遠羈海外，迄未識面，輒爲長什，以寄遐憶，其辭曰：『道術無古今，致用乃爲貴。交親無新舊，相尚在風義。我以古人心，結納當世士。夙慕蜀多才，捧手得數子。直節劉子政，粹德楊伯起。其人與其言，磊磊在青史。………此並趙侯友，夙昔不我棄！趙侯雲中鶴，軒軒抗高志。名節樹藩籬，藝林厚根柢。蛾眉從西來，去天尺有咫。終古孕冰雪，元精逼象緯。………詩摵少陵律，筆摩昌黎壘。擇言轉氣盛，刋華得神擬。浩浩揚天風，郁郁斐蘭芷。幽幽繚洞壑，漠漠弄洲沚。詄蕩天門開，恢詭蜃市起。迅健駿下坂，澹宕魚戲水。有時一篇中，攝受萬態備。探源析正變，證詣愜醇肆。自從同光來，斯道久陵替。豈期萬人海，復聽九皐唳。………天步正艱難，民生日憔悴。銜石念海枯，入淵援日墜。吾徒乘願來，爲此一大事。君其體堅貞，走也將執轡。燕市風蕭蕭，須浦月瀰瀰。相望不相卽，歌答雜商徵。閒居潘安仁，（潘若海）就我方謀醉。聊因天末風，一訊君子意。』任公詩如其文，天骨開張，精力彌滿。獨對堯生，譽之備至。

四

堯生詩稿甚富，惟迄未見其全集，僅就平時聞見所及者，約記數首，詠飛機云：『非關玉貌坐重圍，湘士尋戈孰是非？也湊山鄉開福眼，蜻蜓小影半空飛。』詠鄉宅云：『老去臨池不習書，水清石上果無魚？置身一畝揚雲宅，天遣青山奉起居。』寄友兩絕云：『一札因風省白葭，故人飄泊尙天涯。楓橋小泊瀟瀟雨，休向吳孃探藕花。老去流光到夕陽，舊年紅樹幾經霜？雲頭青雀無消息，腸斷斑騅系陸郎。』

今傳是樓詩話記：『香宋蜀人有雜詩六十首，旁及沿途風物，山川水驛，各系以詩，直可作遊記讀，石遺極稱之。香宋雜詩之一云：『十載東方鬢已新，散原無閤築延眞。扁舟此日還爲客，滿眼江湖綠戀人。』飲冰室詩話，石遺詩話，對堯生之作，均有好評，今所引錄者，自非代表作，然鼎嘗一臠，亦可畧見其餘。

五

嘗見賴將軍於抗戰時，有「憶趙堯生詩老記」一文，略云：周棄子有言，香宋翁所居在川康極邊，昔者公路未開，交通不便，並世詞流，但有想望風采而已。今余奉命主持大江南北兵站，因有老成名世，躬見為榮之感。遂展轉馳抵榮縣城，而老人為避敵機轟擾，已移居距城五十里之山村矣。

賴氏鼓勇前行赴山村，堯生迎立於豎有「御史」兩字題額之庭階，殷勤款接，坐談移時，即席寫奉老人絕句，其兩首云『名高當代扶輪手，肯為征軺快掃門。一覩淸裁眞自失，早彰風節轉天閽。風騷管領記年時，逋客歸來遠問詩。（謂梁任公）聞道成都楊太守，尊前百首竹枝詞。』（淸末，老人在舊京餞別楊增犖出守成都席上，依由京至蓉風光，成竹枝詞一百首。）堯生即席答詩云：『將軍天上下三巴，江上寒梅早著花。眷眷懷人因枉道，忽忽駐馬又迴車。雄心轉戰三千里，選枋同徵十八家。此去陪都羣彥集，騷壇一幟樹高牙。』賴氏尊賢之誠，堯生謙抑之德，堪稱一時佳話。

六

堯生詩書文章，推當代名家，而高風亮節，尤足表率羣倫。書法晉唐，參以己意，嫵媚中有遒勁，遒勁中有霸氣，蜀中人以獲其字爲榮。晚年以目力不足，酬應之作，多由公子代筆，貌似而神韻不及耳。

蜀江水碧蜀山青，自古以文采稱於世，故川劇亦自成派。惟劇詞間有淺薄，不登大雅，堯生嘗彙川劇詞，加以整理，刪俗增雅，蔚爲大觀。故川劇唱詞雋雅者，皆經此老一番工夫，可見天賦多才者，幾無所不能也。某年月以八十一高齡病逝故里，不僅蜀人哀之，舉國皆悼惜不已，蓋非一時一地之所得專美者也。

二二 朱祖謀附馮煦況周頤

一

朱祖謀，原名孝臧，字古微，號漚尹，因居浙之埭溪渚上彊山麓，遂自署上彊村人，浙江歸安人。光緒九年二甲第一名進士。綜理羣籍，博極倚聲，抗心希古，嚴於守律，爲清代詞壇殿軍，一時稱爲律博士者也。

二

古微通籍後，累官侍郎。當庚子變起，廷臣多主仇教滅洋，獨袁爽秋，許景澄抗聲反對，古微亦附和之。西太后厲聲問曰：『附和者何人?』則屏氣未敢對，故袁許兩公構禍梟首，而古微僥倖得免焉。

先是，古微幼時隨宦河南，遇詩家王鵬運，半塘，交相契也。鵬運之治詞也，取律於萬樹。（康熙年間詞家）樹嘗著「詞律」，以糾諸家詞集之譌。鵬運輒語人曰：『萬氏持律太嚴，弊失之拘，然後來者之有人，能綜羣言於至當，俾倚聲一道，不至流爲句讀不葺之詩，則篳路開基，萬氏實爲初祖。』古微開其言而悟焉，乃益加博究，上去陰陽，不假檢本，發揮光大，蔚爲巨觀。故古微之詞，得鵬運啓導之力甚大也。

三

庚子禍起後，聯軍陷北京，都中人倉皇而走。古微則偕修撰劉福姚就鵬運以居。三人者痛世運之凌夷，日相對太息！於是約爲詞課，指題刻燭，相與唱和，一闋成則賞奇攻瑕，詼諧間作，友朋文字之樂，幾忘在顚沛危難中，因成「庚子秋詞錄」。既而，鵬運之上海，講學於南洋公學，古微亦奉詔南下。海上重逢，鵬運出示所爲詞九集，爲半塘定稿，並約曰：『吾兩人所作，交相校訂。』古微乃携以赴粵。

未幾，鵬運客死蘇州，時光緒三十年五月也。古微哭之慟！而悼以詞，即世傳「彊邨詞集」所載「木蘭花慢」，「八聲甘州」兩闋。

「木蘭花慢」云：『馬塍花事了，但持淚，問西冷。信有美湖山，無聊絣鉢，倦眼難青！飄零！水樓賦筆，要扁舟一繫暮年情。纔近要離冢畔，故人眞個騎鯨！瑤京！何路問元亭？九辨總無靈！算浮生銷與，功名抗疏，心事傳經。冥冥！夜台碎語，咽飄風，鄰笛不成聲。恨墨盈箋未理，暗蟲涼墮秋鐙。

「八聲甘州」云：『倚蒼巖半暝拂春裙，千鬟亂明星，信閒僧指點，愁香黏徑，荒翠通城。故國鵑夷去遠，斷網越絲腥，銷盡興亡感，一塔鈴聲。

招得秋魂來否？對冷淌空酹，×夢難醒！問琴絃何許？飄淚古臺青！好湖山孤遊翻懶，又咽風哀笛起前汀。把筇去小斜廊路，雙屧落平。

此兩闋亦蘊藉，亦哀咽，殆所謂：『絃絃掩抑聲聲思』者已。蓋古微之詞，初學吳文英，得鵬運攻錯，造詣更深，晚又肆力東坡，棄疾，而尤嗜東坡，故所吐屬非同凡響。

四

古微自負一代詞宗，對於並世作家，向少許可，獨於蟄居嶺南素不為世人所知之陳述叔，則甚推崇，謂其所作，數百年來無與抗手者。戴傳賢長廣州中山大學時，述叔嘗薦古微主文科，古微聞而謝曰：『漫說我年老，卽不老，廣東已有大手筆陳述叔，何必請我耶？』

清末，古微以禮部侍郎，出為廣東學政，時番禺汪精衛，年方少，與其兄兆鏞應縣學試，俱列前茅，及應學院試，榜發第一名，古微主之也。嗣後精衛參加革命，建功成名。民國二十一年出任行政院長，古微已年逾古稀矣。以遺老寓上海，精衛執弟子禮請謁，兩次俱拒不見，三顧而後見焉。笑謂之曰：『公今貴矣！尚不忘老朽，可謂難得！』精衛謙遜之餘，并致禮敬大洋一千元，欣然接受。明年，壽終滬邸，精衛親臨其喪，哭之甚哀！且厚賻喪葬費，風義之高有足多焉。

五

自辛亥以後，古微即絕意塵俗，專心刊語，先後刻成「彊邨叢書」總集五種，別集一百六十種，兩宋金元名家詞搜羅殆盡，且無一不手自校訂者。陳散原有題「彊邨校詞圖」兩絕句云：『眼枯倚仗莽揚塵，贏蹶劉顛老此身。指正九天遺一世，作癡誰泣校詞人？翻翻蠹迹辨牛毛，獨獻靈襟萬象高。坐滿鬼神相對笑，莫教圖我讀離騷。』可謂道出此老心事。嘗聞之於易簣前夕，自知不起，乃口占詞句云：『忠孝何曾盡一分？年來姜被減奇溫，眼中犀角非耶是？身後牛衣怨亦恩。』愴涼極矣！

六

古微以外，詞壇健者尚有兩人，即江蘇金壇馮煦，廣西臨桂況周頤。煦字夢華，相傳母夢僧拈花入室而生，故字夢華也。少好詞學，有江南才子之目。年四十五始成一甲三名進士，即探花也。累官安徽巡撫，有政聲，年八十餘，猶能作蠅頭小楷，入民國，即絕意仕進，專在上海辦理華洋賑務。有「滿江紅」一闋，賦岳忠武柏云：『蕭艾披昌，邈今世衆芳衰歇！留一木，孤撐天宇，寸心尤烈！七百餘年陵谷變，英靈猶戀西湖月，算亭陰鬼雨怒濤飛，身悲切！　離九節，凌冰雪，傳海外，何時滅？恁撫柯舒嘯，唾壺敲缺！古殿苔封蟲食篆，空枝春盡鵑啼血！問南朝遺孽檜分尸，孱王闕。』悲壯之音，躍然紙上，亦名作也。

況周頤，字夔生，別號蕙風。幼讀書有神悟，九歲補博士弟子員，二十一舉於鄉。惟輕倩流慧，不守繩墨。幼有句云：『春小於人，花柔似汝，雲涯悵望知何處？』每自謂曰：『世間無事無物不可入詞，但在余能自運其筆，使宛轉如意耳。』然而，終身坎坷，所如俱不合。兩江總督端方曾禮聘入幕，又優以稅差，亦未終歡。既入民國，竄居上海，憔悴益甚！室人以無米告占減字浣溪紗云：『逃墨翻教突不黔。瓶罍何暇恥罄鹽？半生辛苦一時甜！傳語枯螢共寧耐。每憐飢鼠誤窺覘。頑夫自笑為誰憐！』以民國十五年卒年六十有六，祇剩得：『空餘高詠滿江山』而已。

綜觀清季詞壇，自半塘謝世，古微導揚宗風，稱一代之詞宗。夢華，蕙風，各張旗鼓，彬彬然蔚成風氣，而歸趣畧同。其能承風揚波，演詞入於劇曲者，惟海寧王靜安耳。

二三　王國維

一

王國維，字靜安，亦字伯隅，號觀堂，亦曰永堂，浙江海寧人。生而歧嶷，讀書通敏絕倫，年未冠，文名已噪於鄉里。以不喜帖括文，應鄉試不中。而學術精博，幾無涯岸，其「宋元戲曲史」之創作，俾樂曲成爲專門之學，實爲空前絕業，今之學者尙無越其範圍也。

二

靜安年甫冠，即値中日大戰，海內士大夫競言天下事，彼亦躍然欲試，遂赴上海，擬有所自見，顧茫茫然無所適從。時上虞羅振玉方設農學社，及東文學社，聘日人爲教授，靜安乃往受學。夏間偶寫所作詠史詩於同舍生扇頭，振玉見之驚異，許爲奇才！遂拔於儔類中，不惟勤其教，而更濟其貧。故靜安知學問途徑，發憤以爭上游者，振玉有以牖迪之。

振玉復詔之曰：『君喜讀江子屏「漢學師承記」，應知江氏之學多偏駁。本朝學術，實導源崑山顧亭林，以後作者輩出，而造詣最精者，惟戴震，程易疇，汪中，段玉裁，及高郵王氏父子耳。』因以各家著述爲贈，而勉之以力學焉。

三

庚子，畢業於東文學社，於西洋哲學、文學、史學、美術，及顧戴二王各家之學，研究俱深。時振玉方長武昌農學校，聘之任教授。明年，東渡扶桑，就學於物理學校，精研科學，以會通文學，故靜安之學有文有質，非僅一哲學家文學家而已。

歸國後，任南通師範學院講師、主講哲學、心理學、論理學。甲辰秋，振玉長江蘇優級師範，遂移靜安於蘇州，凡三年，刻所作詩詞，自此遂致力於文學矣。

四

靜安嘗曰：『生百政治家，不如生一大文學家，何則？政治家與國民以物質上之利益，而文學家則與以精神上之利益，夫精神之與物質二者孰重？物質上利益，一時的也，精神上利益，永久的也。前人政治上所經營者，後人得一旦而毀之，至古今之大著述，苟其著述一日在，則其遺澤且及於千百世不泯。故希臘之有鄂謨爾也，意大利之有唐旦也，英吉利之有莎士比亞也，德意志之有格代也，皆其國人人之所尸而祝之社而稷之者也，而政治家無與焉。』故彼孜孜兀兀以文學家自勉。

又復論曰：『自謂頗騰達，立登要路津，致君堯舜上，再使風俗醇。非杜子美之抱負乎？胡不上書自薦達，坐令四海如虞唐。非韓退之之忠告乎？寂寞已甘千古笑，馳驅猶望兩河平。非陸務觀之悲憤乎？如此者世謂之大詩人矣，所謂詩外尙有事在也。然一命爲文人，便無足觀。』以上所論，皆我國文人詩人之金科玉律也。故靜安憂國憂民之心，憤世嫉俗之言，恆散見於詩詞間而不顯露，世有以消極文人目之，非定論也。

五

光緒二十五年，振玉奉學部奏調，至是始薦靜安於尙書榮慶，命在學部行走。自此乃治宋元以後通俗文學，而更殫瘁於宋之詞，元之曲，著「人間詞話」。論詞則講求境界。嘗言：『有境界則自成高格，自有名句。五代北宋之詞所以獨絕者在此。而境界非獨謂景物也，喜怒哀樂，亦人心中之境界，故能寫出眞景物，眞感情者，謂之有境界，否則，謂之無境界。「紅杏枝頭春意鬧」，着一鬧字，而境界全出，「雲破月來花弄影」，着一弄字，而境界全出矣。』

又曰：『詞也者，自有我之境，亦有無我之境，「淚眼問花花不語，亂紅飛過秋千去。」此有我之境也。有我之境，以我觀物，故物皆着我之色彩，無我之境，以物觀物，故不知何者爲我，何者爲物。古人爲詞，寫有我之境者爲多，然未始不能寫無我之境，此在豪傑之士能自樹立耳。

靜安於詞，用力最劬，卓識妙論，往往發前人所未發者。彼嘗言：『詞人者，不失其赤子之心也。故生於深宮之中，長於婦人之手，是後主爲人君所短，亦卽爲詞人所長處。……客觀之詩人，不可不多閱世，閱世愈多，則材料愈豐富，愈變化，「水滸傳」，「紅樓夢」之作者是也。主觀之詩人，不必多閱世，閱世愈淺，而性情愈眞，李後主是也。

六

古今之成大事業大學問者，必經過三種境界，『昨夜西風凋碧樹，獨上高樓，望盡天涯路。』此第一境也。『衣帶漸寬終不悔，爲伊消得人憔悴！』此第二境也。『衆裏尋他千百度，回頭驀見那人，正在燈火闌珊處。』此第三境也。此等語皆非大詞人不能道得出來。故大家之作，其言情也，必沁人心脾，其寫景也，必豁人耳目，其詞脫口而出，無矯揉妝束之態，以其所見者眞，所知者深也。持此以衡古今之作者，可無大誤。

靜安畢生之力，尤在劇曲，所著「宋元戲曲史」，蓋綜平生論曲之恉而集其大成也。彼以爲古今之大文學，無不以自然勝，而莫著於元曲，故謂元曲爲中國最自然之文學，無不可也。

平時殊不慊於中國人競言歐美科學，而忽視我國傳統之美德，彼以歐戰以後，西方有識之士，已憬然於政學之流弊，轉而崇拜東方之學術，我則昏昏不知，而輒追逐其後，爭民施奪，處士橫議，以共和始者必以共產終，垂涕爲人道之，而人以爲迂濶，然今日誦其言，不禁悚然！

民國十六年四月，方任北京清華大學敎授，以感時喪亂，忽自沈於頤和園之昆明湖，於衣帶中檢得遺墨：『五十之年，只欠一死！……』海內識與不識，聞此噩耗，莫不惜其學，而悲其心，使不即死，則大造於文學者，未可限量也。

二四一　吳梅

吳梅，字臞安，一字靈鳷，又號霜崖，江蘇吳縣人。繼王靜安後而治詞曲，發其條例，析其聲律，集詞曲之大成，邁前賢而啓後生，稱詞曲大師，信不虛也。

清末，江左文士，喜談革命，而文學則依然篤古，詩唱唐音，不主西江，文貴揚藻，亦非桐城，而無一定宗派，惟以推翻滿清爲宗旨耳。因於光緒己酉創設「南社」，推吳江柳亞子爲盟主，而革命鉅子黃克强，汪精衞，宋遯初，于右任等亦均參加。臞安以少年英俊之資爲社員之一，嶄然而露頭角。

春秋佳日，輒爲文酒之會，其集地多在上海之「愚園」。慷慨悲歌之音，叫囂亢厲之之文，積久而成鉅帙，乃印行「南社叢刊」，分詩文詞三種，幾自許與杜少陵詩史相似也。

二

　　臞安專治曲學，嘗曰：『詩文詞並稱，余謂詩文固難，而古今名集至多，且論文論詩諸作，指示極詳。惟詞曲最難，而曲尤難，何者？詞自南唐，兩宋，名家著述，易於購取，學者有志，尙可探索。曲則自元以還，關，馬，鄭，白之作，不可全見，吳興百種以外，存者不多。……所據者不過西廂，琵琶數種而已。』因作「風洞山傳奇」，顧仍爲詞，未能度曲，心輒怏怏！因取古今雜戲傳奇，博覽深究，無間寒暑，積五年之久，遂入門矣。

　　戊戌之變，譚嗣同等六君子梟首都門，臞安聞而哀之，爲譜傳奇，名曰「血花飛」。其大父見之，懼以文字賈禍，取其稿付諸一炬。又嘗用越調「小桃紅」一套，爲賦吳江陳去病題徐寄塵女士「西冷悲秋圖」，圖爲哀悼秋瑾女俠之以革命被戮平墓而作者。其詞曰：『半林夕照，照上峯腰。小墓冬青少，有柳絲數條。取麥飯香醪，淸明拜掃。怎三尺孤墳，也守不牢？這寃怎樣了？土中人，血淚拋，滿地紅心草！斷魂可招！你敢也是俠氣陰風在這遭！』此詞文采葩發，傳誦一時，臞安之才名，遂噪於海內。

三

臞安藏曲之多，一時無雙，南北漫遊，手自搜羅者二十年，益以朋友所貽，弟子所錄，架積日多，都六百餘種。其論詞曲之遞變有言：『我國文學改良之迹，皆由自然，非一二大文豪所得左右其間也。自樂府不能按歌，而唐人始有詞，太白，香山開其先，至飛卿而其藝遂著，南唐兩宋更發揮光大之，於是詞學獨樹一幟矣。』

從古文人，慣好自秘，以爲名山之業，不可輕傳於人。臞安則曰：『曲學之所以不昌者，無他，在識曲者之務以自秘而已……夫文章天下之公器，非我之所能猶私，何必靳而不予至於是哉？』於是罄竭所知，苦心分明，啓曲學之途徑，詔來者以不誣焉。因著「螾廬曲譚」四卷。其他詞曲之作，更僕難數。

臞安歷任北京大學，東南大學教授，以民國二十八年病歿雲南。時值抗戰軍興，飾終之典，草草了事。而詞壇殞此鉅星，識與不識，皆深驚悼也。

二五 楊圻

一

楊圻，原名鑑堂，字雲史，別署野王，江蘇常熟人，光緒壬寅南元。蓋清代科制，鄉試分南北兩闈，北闈舉人第一名解元，例歸直隸省人，他省人，文章卽冠軍，亦列入第二名，稱之爲南元也。雲史天才橫溢，風流倜儻，有江南才子之目，固不僅以詩蜚聲海內耳。

二

雲史幼負才名，美姿容，慷慨有任俠風。年十七，娶相國李鴻章之女孫，二十一以秀才爲詹事府主簿，中南元後，擢郵傳部郎中。然雲史立志不在爲官而已，必欲有所建樹，以促國家之進步。時値鴉片戰爭以後，弱國外交，着着失敗，星嘉坡爲南洋之重鎭，乃自請爲總領事，思聯合實業家有發展，而結果失敗，故不免有『百無一用是書生。』之嘆！

先是，爲秀才時，嘗遊廣陵，宴客于瘦西湖之平山堂，邂逅內庭伶人蔣擅青，述英法聯軍犯津京時宮廷內事，頗有杜少陵江南逢李龜年之概，爲賦「擅青引」，並以序，千餘言，悲哀艷麗，讀之者嘆爲江南獨步，至有譽爲少陵後一人者也。

三

辛亥鼎革後，雲史以弱冠從政，受恩遜清，遂退然無用世之意，而故里山水明秀，甲於江南，繼娶名媛徐霞容，美麗擅詩文，因大起樓閣，唱隨其中。會江西大都督陳光遠，雅慕其名，辟爲記室。光遠固俗夫，未足以知雲史，因事不諧，雲史乃簡辭光遠曰：『折，東吳下士，將軍謬採虛聲，致之幕府，侍陪閣公之座，遂下陳蕃之榻。頗思盡其愚悃，有裨萬一，得山妻書謂：『園梅盛開，君胡不歸』？不禁他鄉之感，復動思婦之懷！清輝玉臂，未免有情，疏窗高影，亦復可念。清狂是其素性，故態因之復萌。敢効季鷹烟波之請，乞徇林逋妻子之情，予以休暇，遂其山野，庶白雲在山，靚妝相對，此中歲月，亦足爲歡，則將軍之賜也。』光遠得書，知不可留，遣使致贐千金，及門而已渡江矣。

四

北洋軍人吳佩孚，方爲兩湖巡閱使，駐節宜昌，聞雲史去江西，乃以禮迎致之，授爲秘書長。佩孚固秀才，亦嗜文翰，奉雲史爲上賓，優禮有加，而雲史亦誠恪侍左右，故賓主之間殊相得也。

佩孚嘗贈聯云：『天下幾人學杜甫，一生知己是梅花。』又貽以詩云：『與君抵掌論英雄，煮酒青梅憶洛中。雪裏出關花入塞，至今詩句滿遼東。江東陸暢好風神，入洛吳儂拂戰塵，十四年來還本色，少年公子老詩人。』其推崇之至與友愛之篤，亦可概見。

民國十三年，直奉大戰爆發，雲史隨佩孚督師山海關，頻行其夫人徐，忽病歿，倉卒殮葬，因有『可憐九月十三夜，死別生離第一宵』之句，悲哀之音，傳誦一時，既抵山海關，時方大雪，嘗賦詩紀其事云：『盤馬彎弓苜蓿肥，金湯大好起戎機，雪花如掌陰山白，不照金樽照鐵衣，逐鹿中原舉國空，邊軍力盡更張弓，黃金白骨知多少，都在營州落照中，九合諸侯事惘然，三分猶得靖烽烟，江流不限南北競，門外津橋啼杜鵑，層台美酒飲千鍾，日落青歌欲盪胸。醉裏未忘關塞氣，玉八扶定看盧龍。』及馮玉祥倒戈，佩孚敗退。雲史亦有句紀事云：『昨夜盧龍城上月，五更猶照廢營來。』刻畫敗軍景氣，至今讀之，如歷其境，蓋悲壯淋漓，饒有唐人風味。

五

佩孚敗退川鄂邊境，駐師湖北之雞公山，部屬都散去，而雲史仍仗劍相從，風義之高，有足多焉。惟自悼亡後，情懷蕭瑟，偶遊漢口，結識風塵佳麗，垂老談情，韻事彌多。嘗有詩云：『年年落魄又今年，典盡春衣買醉眠，天末生涯差强意，將軍厚我玉人憐，畫簾明瑟捲秋烟，淚滿金樽語滿弦，更盡一杯君莫笑，江山都在美人前。霸業荒荒已十年，行軍司馬鬢蒼然，當年橫槊臨江處，只在桃花流水邊。』

佩孚軍日益潰散，僅餘數百名衛隊，率以入川，久之亦不安於所處，乃折返北京，及中日大戰起。日人欲擁佩孚為傀儡誓死以拒之，而憂傷以沒矣。雲史誄詞外，復輓以聯云：『本色是書生，未見太平難瞑目；大名垂宇宙，長留正氣在人間。』無一字及於私誼者風格彌高。

合肥段祺瑞，以抗戰軍與，避地上海，老病而死，雲史亦輓以聯云，『佛法得心通，知並世英雄，成敗一般皆畫餅；人間誰國手，數滿盤勝負，江山無限看殘棋。』以合肥禮佛嗜棋，故以此為悼詞，而寄託時局，亦有無限之感慨。

六

賽金花者，江左之名妓，嘗充殿撰洪鈞使英德時之夫人，鈞死，仍侵舊業，艷名噪一時，好色之徒，莫不願問津也。樊樊山有前後彩雲曲，曾孟樸有「孽海花」

以傳其奇，惟渲染過甚，幾以賽金花爲神化之人物。雲史則爲文以紀之曰：『庚子拳匪作，七月聯軍入京師，兩宮西狩，時靈飛更名賽金花，方爲妓，有德軍入院酗擾，靈飛以德語善欵之，歸以告其酋瓦德西，瓦異而召與語悅之。……』並賦詩三絕以紀其事云：『寒日餘姿事可哀，畫圖省識趙陽台，爲君一掃齊東語，自有閒人憑吊來。庚辛板蕩痛天驕，凝碧池頭弦索高，一曲琵琶解胡語，烏珠軍令肅秋毫。京闕生塵萬戶空，婆心仗爾魯連風，宮中寶玉閨中秀，完璧都從皓齒功。』所紀雖簡略，堪稱信史。

七

雲史不惟才華艷發，詩文超凡，而其風格之高，亦非晚近士大夫所能及者。自從佩孚任秘書長，道義文字相敦者垂二十年。當佩孚威震海內時，亦淡泊自守，未嘗假勢以取顯位，及其敗潰，則患難與共，嘗賦詩以見志云：『涼秋辛酉歲，仗劍洛陽宮。車井人間聚，嵩高天下中。憐才必知己，從一貴能終。二十年來事，欷歔白髮翁。』其較利盡交疏，朝秦暮楚之徒，不可同日而語也。

中原大戰時，雲史避地香港，賣文爲生。時寇燄方張，人心惶恐，故每與客談國事，則老淚縱橫，惟於抗戰前途，信心甚堅，曾扶病撰「攘夷頌」，凡百三十八句，附以序，都千言，畧云：『華夏神胄也，中土大器也，未有承運無本，功德不紀，而以鷄鳴狗盜奄有區宇者也。……夫以中國之人，據中國之位，如秦始、隋文、魏武、蕭梁，有此雄才大畧，不知愛民務德，則鼎析餗覆，大命立傾。爾乃輕浮躁妄，屠殺焚炸，妄蓄開疆闢土之謀，而爲殘殺淫掠之事，醜德惡性，暴露全球，君子於是知其微矣。……」典雅壯麗，不僅富有文學上之價值，實亦抗戰重要之文獻也。

雲史客港時，某大學女生殊色也。讀其詩文，雅慕敬之，乃以自媒，並附小照，雲史以年邁多病，復簡婉謝，未久，病卒，年六十有五，綜其一生，風流韻事，垂老不歇，而悉屬細行，無累大德，益見其卓犖不凡耳。遺著「江山萬里樓詩鈔」兩卷。自有千秋也。

二六　張謇

一

張謇，字季直，原名育才，晚號嗇庵，人尊稱之曰嗇公，江蘇南通人。生於咸豐三年，光緒甲午狀元，詩文，書法，卓然大家，淵懿簡素，有曠世之度。畢生盡瘁地方敎育，實業，尤蜚聲於中外。而績溪胡適之則謂爲近代中國史上一個失敗的偉大英雄，其然，豈其然乎？

二

嗇公出身農村，家風樸素，幼無過人之資，而好學不厭。十歲時，塾師偶見騎者過門前，命聯曰：『人騎白馬門前過，』嗇公對曰：『我跨青鰲海上來。』師甚異之。年十六應州縣試，名次輒列一百以外，師嗤之曰：『假使有一千人應考，只取九百九十九人，只有一人不取，就是你！』嗇公聞而隱慚不語，乃於塾中窗格上，帳頂上，遍貼「九百九十九」五字之紙條，觸目心驚，發憤攻讀，寒暑無間，由秀才成優貢，中北闈鄉試南元。從此文名噪甚，傾動公卿，遂以盛名入提督吳長慶之幕矣。

同時，袁世凱亦以通家子弟居吳幕，吳請嗇公敎導世凱。據南通張季直先生年譜記載，世凱文理並不通順，嗇公輒大加删改，耳提面命，從少寬假，世凱甚敬憚之。故後日世凱叛國稱帝，嗇公與趙爾巽，李經羲、徐世昌，聯銜通電不願稱臣，儼然以「商山四皓」自況。或曰：四皓之稱，世凱貽之。

三

嗇公未通籍前，嘗與同邑范當世，泰興朱銘盤過江謁古文家張裕釗於江寧，裕釗輒舉以語人曰：吾遊金陵，得見江東三士，此行爲不虛矣。惟嗇公文章雖有法度，而三試春官不第，心恢意懶，迨甲午會試，父諭之曰：『兒試誠苦，但兒年未老，可再試一次，吾心亦安。』嗇公素以孝稱，乃仰體親心勉爲一行，果然如願以償，時年已四十有二矣。

常熟翁同龢，居樞臣之位，夙欲拔中嗇公而未果也，此次復任閱卷八大臣之一。據日記所載：『二十四日晴，寅正八人集運門外，朝房起下，回到南書房，卯正上御乾隆宮西暖閣，臣等捧卷入，上諦視第一名，問誰所取？張公以臣對（余按指張之萬）麟公以次折封，一一奉名訖。又奉題語。臣以張謇，江南名士，且孝子也，上甚喜。……』是知同龢爲國求才，嗇公青雲干霄，堪稱士林佳話也。

四

嗇公大魁後，以新硎初發，正宜及鋒而試。時值中日大戰將起，嗇公以久處長慶幕，素知相國李鴻章處置朝鮮事失當，乃詳舉故實，剖析大勢，奏劾鴻章誤國之罪，同龢亦深以爲然。詎料疏上不報。而鴻章謬執己見，依然不稍悛改。嗇公自負經世奇才，且所舉各節，俱爲救時之良策，志既不申，遂憤憤然輒爲不平之鳴。

不寧惟是，又嘗見西太后由頤和園回宮時，適逢暴雨，平地水深尺餘，文武百官，有白髮老臣年在七八十以上者，亦俱長跪水中接駕，而西后端坐鸞輿漫不一顧。嗇公目覩內憒，以爲稍有志氣者，不應爲官也。而屏棄仕進之念，遂基於此。或謂嗇公親見朝政窳敗，補救無術，而黨禍將起，勢將受其株連，遂毅然歸野，藉實業，商務以自隱耳。且是年九月，適接父歿噩耗，乃倉皇辭都，歸後有句云：『不堪重憶功名事，宮錦還家變雪衣。』從此一心一意，致力地方事業矣。

南通州牧，及地方父老，以嗇公大魁天下，歡極欲狂，便將城內「魁星樓」改爲「果然亭」。迨至嗇公重修亭時，深覺得中狀元，不過適逢其會，亭云果然，未免貪天之功因改名爲「適然亭」，並書一聯云：『世間科第與風漢，檻外雲山是故人。』復附跋云：『余以清甲午成進士，州牧邦人擷唐聖肇詩意爲果然亭，世間萬事，得其適然耳。丁已，余修亭，不敢承前意也，適然之事，以適然視之，適得滔翁書，遂以易牓。』然則，嗇公薄功名而寄情山林之志趣，從聯句中隱約可見。

五

南通自實施新政後，先後創設懇牧公司，鹽業公司，漁業公司，大生紗廠，大達輪船公司，淮海實業銀行，各級中小學校，高等商業、農業、醫學、師範、女子師範、土木、測繪、蠶業、刺繡、朦啞、紡織各校、養老院、殘廢院、育嬰堂、博物院、圖書館，並於吳淞設商船學校，南京設河海工程學校，舉凡歐美各國應有之事業，無不具備，其規模之大，氣象之雄，已無前例，南通遂一躍而爲全國之模範縣。

此外則組織赴美考察團，赴意考察團，並親赴日本考察，著有「東遊日記」，同時，兼任江蘇省教育會會長，漢冶萍公司總理，導淮督辦，旋膺江蘇諮議局局長，百務集於一身，日理萬幾而不稍倦，兼人之資，亙古少見焉。

六

庚子拳匪禍起，八國聯軍進迫北京，嗇公乃向兩江總督劉坤一，建議，東南各省自保之策，並與湯壽潛、沈曾植、陳三立等，親赴南京，面商大計，坤一始猶豫不決，以爲兩宮西幸，東南或可保全，嗇公進曰：『無西北不足以存東南，爲其名不足以存也，無東南不足以存西北，爲其實不足以存也。』坤一蹶然曰：『吾意決矣。』遂與張之洞等宣布東南各省保境辦法。故聯軍雖陷北京，而東南各省安然無恙，雖坤一之洞主之，而奔走其間，擘劃周詳者，嗇公之力耳。

武昌首義，清廷徬徨莫知所措，乃特擢嗇公爲農工商大臣，兼江蘇宣撫使。嗇公則力主清帝遜位，懇辭電云：『今共和主義之號召，沛然莫遏，激烈急進之人民，至流血以爲要求，今爲滿計，爲漢計，爲蒙回藏計，無不以歸納共和爲福利，惟北方少數官吏，戀一身之私利，忘國家之大危，尙保持君主立憲主義，然此等謬論，舉國非之，不能解紛，而徒以延禍，竊謂宜以此時順天人之歸，謝帝王之位，俯從羣願，許認共和。昔堯禪舜，舜禪禹，個人相與揖讓，千古以爲美談，今推大位，公之國民，爲中國開億萬年進化之新基，爲祖宗留二百載不刊之遺愛，關係之鉅，榮譽之美，比諸堯舜，抑又過之。……所有宣撫使之職，無効可希，不敢承命，至若政體未改，大信已漓，人民託庇無方，實業何從興起，農工商大臣之命，並不敢拜。』

七

　　嗇公辭電發後，復爲清廷起草遜位之詔，其警句云：『……今全國人民心理，多傾向共和，南中各省，旣倡議于前，北方諸將亦主張于後，人心所嚮，天命可知，予何忍因一姓之尊榮，拂萬民之好惡，用是外觀大勢，內審輿情，特將皇帝統治權公諸全國，定爲共和立憲政體，近慰海內厭亂望治之心，遠協古聖天下爲公之義。……』此爲推翻專制建造共和劃時代中之重要文獻，抑亦世人之所樂道者也。

　　嗇公復以遜位之詔，縱能卽下，而江甯將軍鐵良，或擁兵不肯受命，乃致書鐵良云：『謇，蘇人也，以將軍之忠耿，又嘗辱有一日之雅，不得不爲蘇計，爲將軍計，且爲滿計。……爲將軍計，當計其大與長，一身之計小，滿人全體之計大，一朝之計暫，滿族生養休息之計長。北面再拜，仰藥以殉，一身之計也，奮鬥効死，使兩族生靈塗炭于兵鋒，一朝之忿也，將軍才器，實爲滿望，皆無取于此。爲將軍計，擲一身爲溝瀆小忠之事，毋寧納全族于共和主義之中，爲滿族多留一惡感，而遺以同盡之大危，不如爲滿族多種一愛根，而使之異世而滋大……』於是，清帝遜位，民國統一。時孫中山先生爲臨時大總統，特任嗇公爲實業總長，尋辭去。斯時臨時政府，財政困難，黃克强向日本三井洋行借欵三十萬，而日人謂必由嗇公担保，方可照借，中山致書嗇公，解釋以漢冶萍作借欵抵押，事遂諧。嗇公促成清帝遜位，函勸鐵良奉命，担保大借欵，其翊贊共和之功，不可湮沒也。

八

嗇公既未得志于天下，退而經營地方事業，晚乃益復自放，居恆慕信陵君之爲人。嘗曰：『吾不敢望聖賢，但願作英雄，英雄無事不可告人。願成一分一毫有用之事，不願居八命九命可恥之官，遂自綜經濟，學術，詩文詞賦，爲一書，顏曰「張季子九錄」。

相國翁同龢爲題荷鋤圖詩云：『平生張季子，忠孝本詩書。每飯常憂國，無言亦起予。才高還縝密，志遠轉迂疏。一水分南北，勞君獨荷鋤。』迨同龢病逝，輓以聯云：『公其如命何？可以爲朱大興，並弗能比李文正；世不足論矣！豈眞有黨錮傳，或者期之野獲篇。』以後兩次赴常熟，一次哭弔，二次省墓。並于南通黃泥山上起一小樓，名曰「虞樓」，跋其匾云：『黃泥東嶺，南望虞山，勢若相對，虞山之西，白鴿峯下，則翁文恭之墓，與其被放還後之廬在焉。辛酉一月過江，謁公之墓，涉虞巔，望通五山，烟霧中青蒼可辨。歸築此樓，時一登眺，悲人海之波潮，感師門之風義，殆不知涕之何從也！名虞樓以永之，亦以示後之子孫。』並有一絕云：『爲瞻虞墓宿虞樓，江霧江風一片愁。看不分明聽不得，月波流過嶺東頭。』師弟相知之深，恩義之重，從樓與詩，槪可見焉。

九

嗇公並世友人中，最推重新會梁任公，以其爲淸季濬發中國人思想之原動力，而傾帝制，摧復辟兩役，尤有偉大之供獻，故任公窘困時，輒資助無吝色，任公致書有云：『兩奉敎尺，重以遠庸翼之面傳盛意，籌策之遠，與責善之殷，啓超安敢承，抑又安敢不承耶！二十年來，以空言竊虛譽，曾未嘗一躬矢石，爲國民有所盡力，今以鼎新之會，席累卵之形，豈敢更懷規避，自遠初志，徒以此身久爲萬矢之的，不欲濫進。……先生司旗鼓，則啓超自有所恃以冒矢石，此則還援責善之義，以責先生者也。』任公此函，極盡學者謙虛之懷，誠足爲後輩矜式。

徐州徐樹錚，字又錚，一代之霸才也，于考察歐西回國後，曾與聯軍統帥孫傳芳，聯袂赴南通，嗇公親赴江干迎迓。文酒之會，意氣絕倫，極一時之盛。嗣聞徐氏廊坊遇難，哭之甚慟，輓以聯云：『語讖無端，聽大江東去歌殘，忽然感流不盡英雄血；邊才正亟，嘆薄海西顧事大，從何處更得此龍虎人。』又賦「滿江紅」一闋云：『風慘雲愁，莽中夏今是何世？遠歸客，九闕輕犯，身危命致，符節誰司南北衞？囊丸任斫東西市，問幽都紫陌亦甘人，誰之恥？喑寂寂，蓋棺矣，法曹法，一杯水，笑諸侯壁上，畏身餘幾，毛髮依然驚畫手，頭顱擲了空知己，瞻江干野老酹東風，飄殘淚。』悲憤欲絕，嗇公眞徐氏之知己也。

嗇公晚年，寄情聲色，殊愛梅蘭芳，歐陽予倩兩藝人，曾爲建築華麗之「梅歐閣」撰以聯云：『南派北派會通處，宛陵廬陵今古人。』又有贈梅郎長句云：『梅郎曠絕五年別，來晤嗇翁十日期。縣人傳說若異事，郎日一劇翁一詩。郎以慧爲命，翁以狂勝痴。……』其繾綣之殷，傳爲一時佳話。

十

蘇州美女，沈壽，字雪君，以繡意大利皇后像，名動中外，嗇公特創女工傳習所，聘壽主其事，又恐其藝之不傳，囑口授指畫，爲成「雪君繡譜」一書。復築「謙亭」以居之，呼爲謙亭主人。雪君感而拔己髮繡謙亭兩字，嗇公酬以詩云：『感遇深情不可緘，自梳青髮手摻摻。繡成一對謙亭字，留證雌雄寶劍看。』又贈一律，題曰：『雪君髮繡謙亭字，爲借亭養病之報，賦長句酬之。』詩云：『枉道林塘適病身，累君仍費繡精神。別裁織錦旋圖字，不數迴心斷髮人。美意直應珠論價，餘光猶厭黛爲謙？當中記得連環樣，壁月庭前祗兩巡。』及雪君病歿，留葬南通黃泥山麓，封以水泥鋼骨，表其墓曰：「世界美術家吳縣沈雪君女士之墓。」世人或以此爲嗇公病，然而，大德已立，女色之好，英雄才子所難免焉，有何傷于日月哉？

　　嗇公以民國十五年病歿，年七十有四。一時中外震悼，而蘇之人受其惠澤者，尤眷念不能忘也。

二七　袁世凱

一

袁世凱，字慰庭，河南項城縣人。光緒間入慶軍從征朝鮮，歸國後，訓練新建陸軍，戊戌變起，得西后信任，巡撫山東，庚子後，繼李鴻章爲北洋大臣，權勢益盛。辛亥光復，爲民國第一任大總統，五年叛國稱帝，以雲南起義，退位而死，故在滿清爲權臣，在民國爲罪人，此天下之公言也。

二

世凱爲中興名將袁甲三之猶子，幼承先蔭，以世家子弟入提督吳長慶幕，長慶慮其文理之不通，屬文案張季直爲教師。旋以辦事精幹，擢任營務處，迨慶軍退朝鮮，而世凱仍留戍爲商務總理，此其發跡之始。

朝鮮原爲中國之藩屬，日本素所覬覦者。及戰事起，清廷樞臣，分和戰兩派，直督李鴻章主和，翁同龢李鴻藻主戰。世凱方當前衝，迭電告急，鴻章勉以耐守，卒以面陳大計，奉准回國。既抵天津，因循而不回任。相傳鴻章一怒之下，撻以嘴巴。世凱因此陰結同龢、鴻藻，逕入北京矣。明年，中日戰爭結束，得鴻藻保荐，以督辦軍務，負責小站練兵，造成北洋軍閥二十年之勢力，流毒之烈，至今不泯。誰實爲之？

三

戊戌變起前，世凱與維新派，固有聯繫，及帝后齟齬，維新派以世凱幹練有爲，請德宗以恩結之，乃得召見，特賞侍郎。未幾，天津閱兵，政變將起，譚嗣同逕造袁邸，密請保皇上，清君側，以定大業。世凱佯允之，而陰盡報于榮祿，因此德宗被囚，六臣梟首，康梁亡命海外，西后又復臨朝。

世凱以賣友之功，巡撫山東，迨拳匪禍起，聯軍陷北京，兩宮西幸，世凱與劉坤一、張之洞等，宣布保境安民，故華北混亂如麻，而山東安謐如常者，世凱之功也。

辛丑合約成，李鴻章以老病逝世，遺疏保荐世凱，有『環顧宇內人才，無出袁世凱之右者』語，從此，世凱遂得狠抗朝列，虎步京師，權傾一世矣。

四

宣統改元，攝政王載灃，擬誅世凱，以洩積憤，而張之洞以其軍權在握，誅之不利，於是放歸原籍。迨武昌起義，四海鼎沸，清廷束手無策，乃起用世凱，授以軍政，因得宏展權術，操縱大局，採「一箭雙鵰」之策，一面勸清帝遜位，一面以溫和手段，聯絡革命黨人。孫中山先生本「天下為公」之精神，飄然下野，以圖收拾時局，世凱依法當選為第一任大總統。

惟以約法限制總統職權太嚴，乃毀約法，進一步排除異己，暗殺宋教仁，激成二次革命，平定以後，野心益熾，終以總統為民選，非子孫萬世之業，遂于民國五年，廢民主，爲帝國，建號洪憲。而蔡松坡雲南起義，各省響應，世凱退位，憂憤而死，綜其一生，權術自用，軍事萬能，羈靡人才，則以高官厚祿，以爲治天下者，不過如是耳。庸詎知違反時代潮流，必至一敗塗地而後已。後之執政者，不引以爲鑑，反師其術，又無其才，抑更陋也。

（全書已完）

讀歷史46　PC0402

同光風雲錄
——晚清政治人物復刻典藏本

作　　者／邵鏡人
主　　編／蔡登山
責任編輯／陳佳怡
圖文排版／楊家齊
封面設計／陳怡捷

發 行 人／宋政坤
法律顧問／毛國樑　律師
出版發行／秀威資訊科技股份有限公司
114台北市內湖區瑞光路76巷65號1樓
電話：+886-2-2796-3638　傳真：+886-2-2796-1377
http://www.showwe.com.tw
劃撥帳號／19563868　戶名：秀威資訊科技股份有限公司
讀者服務信箱：service@showwe.com.tw
展售門市／國家書店（松江門市）
104台北市中山區松江路209號1樓
電話：+886-2-2518-0207　傳真：+886-2-2518-0778
網路訂購／秀威網路書店：http://www.bodbooks.com.tw
國家網路書店：http://www.govbooks.com.tw

2014年6月BOD一版
定價：400元

國家圖書館出版品預行編目

同光風雲錄 : 晚清政治人物復刻典藏本 / 邵鏡人原著 / 蔡登山編. -- 一版. -- 臺北市 : 秀威資訊科技, 2014.06
面 ; 公分. -- (史地傳記類 ; PC0402)
BOD版
ISBN 978-986-326-253-4 (平裝)

1. 人物志 2. 清代

782.17 103007370

讀者回函卡

感謝您購買本書，為提升服務品質，請填妥以下資料，將讀者回函卡直接寄回或傳真本公司，收到您的寶貴意見後，我們會收藏記錄及檢討，謝謝！

如您需要了解本公司最新出版書目、購書優惠或企劃活動，歡迎您上網查詢或下載相關資料：http:// www.showwe.com.tw

您購買的書名：________________________________

出生日期：________年________月________日

學歷：□高中（含）以下　□大專　□研究所（含）以上

職業：□製造業　□金融業　□資訊業　□軍警　□傳播業　□自由業

□服務業　□公務員　□教職　□學生　□家管　□其它______

購書地點：□網路書店　□實體書店　□書展　□郵購　□贈閱　□其他

您從何得知本書的消息？

□網路書店　□實體書店　□網路搜尋　□電子報　□書訊　□雜誌

□傳播媒體　□親友推薦　□網站推薦　□部落格　□其他__________

您對本書的評價：（請填代號　1.非常滿意　2.滿意　3.尚可　4.再改進）

封面設計____　版面編排____　內容____　文／譯筆____　價格____

讀完書後您覺得：

□很有收穫　□有收穫　□收穫不多　□沒收穫

對我們的建議：________________________________

____

____

____

請貼
郵票

11466
台北市內湖區瑞光路 76 巷 65 號 1 樓
秀威資訊科技股份有限公司 收
BOD 數位出版事業部

....

（請沿線對折寄回，謝謝！）

姓　名：＿＿＿＿＿＿＿＿　年齡：＿＿＿＿　性別：□女　□男

郵遞區號：□□□□□

地　址：＿＿＿＿＿＿＿＿＿＿＿＿＿＿＿＿＿＿＿＿

聯絡電話：(日)＿＿＿＿＿＿＿＿＿＿(夜)＿＿＿＿＿＿＿＿＿＿

E-mail：＿＿＿＿＿＿＿＿＿＿＿＿＿＿＿＿＿＿＿＿